PREFACE

We are pleased to present this comprehensive collection of CBSE French Class 10 Solved Papers, compiled under subject code 018. This book has been meticulously designed to serve as an essential resource for students preparing for their board examinations, offering a robust set of practice papers that provide authentic solutions sourced from CBSE board exams over the past eight years.

French, a crucial component of the CBSE curriculum, demands a thorough understanding of both linguistic and cultural nuances. These solved papers offer students the opportunity to enhance their language skills by providing clear, detailed solutions that not only demonstrate the correct answers but also the methodologies behind them. This approach enables students to assess their readiness for the exam and identify areas for further improvement.

Key Features of the Book:

- **Authentic Exam Papers:** This collection includes actual question papers from CBSE board exams from 2014 to 2024, ensuring students engage with the most relevant and up-to-date material.
- **Guided Solutions:** Each paper is accompanied by comprehensive solutions, helping students understand the marking scheme and effective answer writing techniques critical for achieving high marks.
- **Real Exam Experience:** By practicing with these solved papers, students can familiarize themselves with exam conditions, building confidence and improving their time management skills.
- **Comprehensive Coverage:** The papers encompass all key aspects of the French syllabus, including reading comprehension, writing skills, grammar, and vocabulary, offering thorough practice across the subject.
- **Cultural Insights:** The questions and solutions provide valuable exposure to French culture and customs, enriching students' understanding of the language beyond mere grammar and vocabulary.
- **Perfect for Revision:** This book serves as an ideal tool for systematic revision, reinforcing knowledge and refining exam strategies as students approach their tests.
- **Self-Assessment and Improvement:** Students can evaluate their progress through these solved papers, allowing them to identify strengths and focus areas for further study.

We believe that this book will be an invaluable asset for Class 10 students as they prepare for their French board exams. By diligently working through these eight years of solved papers, students will not only enhance their exam performance but also cultivate a deeper appreciation and understanding of the French language. We wish all students the best of luck in their exams and hope this book serves as a crucial companion on their academic journey.

Table of Contents

CBSE | DEPARTMENT OF SKILL EDUCATION

FRENCH (SUBJECT CODE - 018)
CLASS – X

Time: 3 Hrs **M.**
Marks: 80 +20

A) Reading Section: **10 marks**
One unseen prose passage (factual/descriptive) (150-200 words)
(with a picture/diagrammatically represented data)

B) Writing Section **20 marks**
One long composition (Informal letter) based on the main themes given in lessons **2-8, 10** (80 words)
Two short compositions: message, re-arranging a dialogue in a logical sequence, and completing a text with the help of clues provided. (30-35 words)

C) Grammar Section **30 marks**
Verbs (All tenses done in class 9, conditionnel du présent, futur antérieur, plus-que-parfait & subjonctif), pronom relatif simple et composé, pronom personnel (COD, COI, y, en, tonique, etc.), trouvez la question, discours direct et indirect, négatifs, possessifs - adjectifs et pronoms, démonstratifs - adjectifs et pronoms (simples et composés)
(Note: Personal pronouns will continue to be tested as the topic is done in Class 9)

D) Culture and Civilization **20**
marks
Question based on text book:
a) Short Answers Questions 5x2 **10**
marks
b) MCQ (True or false/ match the following/ 10 marks fill in the blanks) **10**
marks
Note: Students are not to be tested on texts marked 'Pour aller plus loin' and 'Je découvre'
1. L.2 – Après le bac
2. L.3 – Chercher du travail
3. L.4 – Le plaisir de lire
4. L.5 - Les médias
5. L.6 - Chacun ses goûts
6. L.7 – En pleine forme
7. L.8 – L'environnement
8. L.10 - Vive la République!

E) Internal Assessement
As per CBSE guidelines for all subjects:
1. Subject enrichment activity
(ASL) **5**
2. Portfolio **5**
3. Periodic Tests **5**
4. Multiple Assessments **5**
(Please refer to the latest guidelines issued by the CBSE on their website from time to time)
It is recommended that listening and speaking skills be regularly practised and art-integrated projects based on activities like role play, skit, dramatisation etc. be encouraged.
Prescribed textbook:
Entre Jeunes, Class X
(CBSE) Textbook Lessons
2-8, 10

CBSE | DEPARTMENT OF SKILL EDUCATION
FRENCH (CODE: 018)
CLASS – X

Time: 3 hrs **Marks: 80+20**

The Question Paper will be divided into four sections:

Section - A: Comprehension - 10 marks
Section - B: Writing - 20 marks
Section - C: Grammar - 30 marks
Section - D: Culture and Civilisation - 20 marks

Section	**Details of Topic/Sections**	**Type of questions/Subtopics**	**Marks**
Section A (Comprehension)	Unseen prose	Paragraph with short answers questions (Picture Based) True or false Vocabulary search: Noun and verb forms/opposites/ synonyms/adjectives	10 (10/14)
Section B (Expression)	Long compositions (Any ONE) Short compositions (Any TWO)	Informal letter Rearranging of dialogue Completing a story Writing a message (5 marks each)	10 (1/3) 10 (2/3)
Section C (Application)	Grammar	1.Les verbes- infinitif, présent, impératif, imparfait, passé composé, plus que parfait, futur simple, futur antérieur, conditionnel présent 2. Le discours direct et indirect 3. Trouver la question 4. Les pronoms (COD, COI, toniques, y, en) 5. La négation 6. Les pronoms relatifs simples et composés 7. Les adjectifs et pronoms possessifs 8. Les adjectifs et pronoms démonstratifs 9. Le subjonctif (5 marks each) Note: Topic 1 (Verbs) is compulsory. The student will be tested on any 5 of the remaining topics. (Total 6 Questions)	30 (5/7 per question)
Section D (Culture and Civilisation)	L 2-8, 10	Short answers 5 x 2 MCQ True or False 5 x 1 Match the following 5 x 1 Fill in the blanks 5 x 1 (The student will be tested on any two)	10 (5/7) 05 05 (5/7)

TOPPER TIPS

1. **Prioritise Understanding Over Memorization**
   While preparing, focus on understanding the core concepts rather than just memorising them. When you truly understand a topic, you can easily answer any question related to it, even if it's framed differently.

2. **Practice Regularly with Sample Papers**
   Consistently practice with sample papers or previous years' question papers. This not only helps you get familiar with the exam pattern but also improves your time management skills. Simulate exam conditions to build confidence.

3. **Master Time Management**
   Allocate specific time slots to each section of your exam. This way, you can ensure that you cover all parts of the paper without leaving any questions unanswered. Stick to your time plan to avoid last-minute rushes.

4. **Clarify Doubts Immediately**
   Never leave any doubt unresolved. If you encounter a concept you don't fully understand, seek help immediately from your teachers or classmates. Clearing doubts on the spot ensures you don't accumulate confusion closer to the exam.

5. **Revise Regularly**
   Regular revision is key to retaining what you've studied. Create a revision timetable that allows you to revisit all important topics multiple times before the exam. This ensures that the information stays fresh in your mind.

6. **Stay Calm and Positive**
   During your preparation and on the day of the exam, maintain a calm and positive mindset. Stress and anxiety can negatively impact your performance, so practice relaxation techniques like deep breathing or meditation to stay composed.

7. **Use Visual Aids for Revision**
   Incorporate diagrams, charts, and mind maps into your revision. Visual aids can help you remember concepts more easily and make your revision sessions more engaging and effective.

8. **Take Care of Your Health**
   A healthy body supports a sharp mind. Ensure you get enough sleep, eat nutritious meals, and take regular breaks during study sessions. Exercise and hydration are also crucial for maintaining focus and energy levels.

CBSE PREVIOUS YEAR QUESTION PAPER (2013-2014)
SUBJECT CODE: 018

Series HRS

Code

No. 20

Roll No.

Candidates must write the Code on the title page of the answer-book.

Instructions:

- Please check that this question paper contains 4 printed pages.
- Q.P. Code given on the right-hand side of the question paper should be written on the title page of the answer-book by the candidate.
- Please check that this question paper contains 16 questions.
- Please write down the serial number of the question in the answer-book before attempting it.
- 15 minutes time has been allotted to read this question paper. The question paper will be distributed at 10.15 a.m. From 10.15 a.m. to 10.30 a.m., the students will read the question paper only and will not write any answer in the answer book during this period.

SUMMATIVE ASSESSMENT – II
FRENCH

Time allotted: 3 hours **Maximum Marks: 80**

The Question paper is divided into four sections :

Section A: Reading Comprehension - 10 marks
Section B: Writing - 20 marks
Section C: Grammar - 30 marks
Section D: Culture and Civilisation - 20 marks

SECTION A

(Compréhension) 10 points

1. Lisez bien le texte et répondez aux questions qui suivent :

Dans la vie, vaut-il mieux être grand ou petit ?

Le 5e « Salon des Grands » s'est déroulé le 1er et le 2 octobre 2013 à Paris. Quand on est grand, la vie est souvent plus compliquée ... À l'école aussi, la grande taille n'est pas toujours bien vécue. Dur d'être le plus grand de sa classe ! Une femme est grande à partir de 1,80 m ; un homme à partir de 1,90 m. Ils ont du mal à s'habiller, à se chausser, à s'asscoir au cinéma ou dans un avion ... Un salon leur est consacré pendant les deux jours à Paris, pour leur donner des infos pour vivre mieux avec leur grande taille. Un docteur nous donne des conseils. Le docteur Antoine Pelissolo, psychiatre dans un hôpital parisien, aide les jeunes à mieux accepter leur taille : Il faut se tourner vers les autres, sans se cacher, en faisant du sport par exemple. Au basket, la grande taille est un atout ("atout" : asset). Il faut aussi travailler sur la confiance en soi. Remplacez les pensées négatives par des pensées positives. Ce n'est pas le physique, c'est la personnalité, les qualités humaines. La taille, c'est n'est pas un handicap !

1.1 Choisissez la bonne réponse : **2**

(a) Une femme est grande à partir de __________ .
(i) 1,67m
(ii) 1,80m
(iii) 1,90m
(iv) 1,70m
(b) Les grands ont du mal à _________ .
(i) se tourner
(ii) se coucher
(iii) se chausser
(iv) se brosser
(c) Le docteur Antoine Pelissolo donne des _______ aux grands.
(i) cadeaux
(ii) infos
(iii) exemples
(iv) conseils
(d) Il dit que ce n'est pas le physique, c'est _________ qui est important.
(i) la personnalité
(ii) le handicap
(iii) la taille
(iv) le basket

Réponse :

1.1 – (a)-(ii), (b)- (iii), (c)- (iv), (d)- (i)

1.2 Complétez les phrases avec les mots du texte **4**

(a) Je cherche une chemise rose, mais je ne trouve pas la vraie __________ .
(handicap, taille, classe, dos)
(b) Notre professeur a beaucoup de _________ en nous. Il est sûr que nous ferons très bien pendant les examens.
(exemple, info, confiance, pensée)
(c) Rumpa travaille très _________ du matin au soir pour gagner de l'argent. Elle est gentille. (dur, positive, taille, mal)
(d) Le petit est très intelligent ! Il répond facilement aux questions bien __________ .
(grandes, négatives, positives, compliquées)

Réponse :

1.2 – (a) taille (b) confiance (c) dur (d) compliquées

1.3 Cherchez les contraires : **2**

(a) rarement : (grand ; mieux ; souvent)
(b) simple : (compliquée, consacré, conseil)

(c) jamais : (consacré, toujours, pensée)
(d).s'habiller : (se tourner, se chausser, se déshabiller)
Réponse :
(a) souvent (b) compliquée (c) toujours (d) se déshabiller

1.4 Cherchez dans le texte la forme verbale de ces mots : **2**
(a) habit
(b) chaussures
(c) départ
(d) travail
Réponse :
1.4 (a) s'habiller (b) à se chausser (c) partir (d) travailler

SECTION B
(Expression Écrite) 20 points

2. Écrivez une lettre d'environ 80 mots :
(a) À votre correspondant français décrivant le système politique indien. **10**
OU
(b) Pour conseiller votre ami/amie qui vient de recevoir son permis de conduire.

Réponse :
(a) [Votre prénom]
[Votre adresse]
[Date]

Cher/Chère [Nom de votre correspondant],

J'espère que tu vas bien. Je voudrais te parler du système politique indien. L'Inde est une démocratie parlementaire, avec un président comme chef de l'État et un Premier ministre comme chef du gouvernement. Le Parlement est bicaméral, composé de la Lok Sabha et du Rajya Sabha. Les élections ont lieu tous les cinq ans, et plusieurs partis politiques y participent. Ce système vise à représenter la diversité du pays.

À bientôt !

Cordialement,
[Votre prénom]

(b) [Votre prénom]
[Votre adresse]
[Date]

Cher/Chère [Nom de votre ami(e)],

Félicitations pour avoir obtenu ton permis de conduire ! C'est une étape excitante. Je te conseille de commencer par conduire dans des endroits calmes pour te familiariser avec la route. N'oublie pas de toujours porter ta ceinture de sécurité et de respecter les limites de vitesse. Prends ton temps pour t'habituer aux différents aspects de la conduite. Enfin, n'hésite pas à demander de l'aide ou des conseils si tu en as besoin.

Profite bien de cette nouvelle liberté !

Amicalement,
[Votre prénom]

3. Rétablissez en ordre le dialogue suivant
:
Laurent : D'accord. Et puis je dois aller au Consulat avec mes papiers ?
Le responsable : Bonjour ! D'abord, vous devez remplir un formulaire.
Laurent : Très bien ! Je vous remercie !
Laurent : Bonjour monsieur ! Je voudrais avoir un visa pour aller en France.
Le responsable : Oui. Vous devez déposer votre dossier au responsable de la section. Ce dossier doit être complet.
Réponse :
Laurent : Bonjour monsieur ! Je voudrais avoir un visa pour aller en France.
Le responsable : Bonjour ! D'abord, vous devez remplir un formulaire.
Laurent : D'accord. Et puis je dois aller au Consulat avec mes papiers ?
Le responsable : Oui. Vous devez déposer votre dossier au responsable de la section. Ce dossier doit être complet.
Laurent : Très bien ! Je vous remercie !

4.(a) Votre ami/amie vous a invité pour son anniversaire. Vous ne pouvez pas y aller. Laissez-lui un message d'environ
30 mots en vous excusant. **5**

OU

(c) Donnez la recette de votre dessert favori. (d'environ 30 mots)

Réponse :
(a)
Salut [Nom de l'ami(e)],

Merci pour l'invitation à ton anniversaire ! Je suis désolé(e), mais je ne peux pas venir. J'espère que tu passeras une super journée!

(b)
Recette de la mousse au chocolat : Faites fondre 200 g de chocolat noir. Montez 4 blancs d'œufs en neige. Incorporez le chocolat fondu, ajoutez 2 jaunes d'œufs, mélangez et laissez refroidir.

5. Complétez ce texte à l'aide des mots/expressions donnés ci-dessous : **5**
(prison, prise, naissance, nationale, Révolution)
Le Quatorze Juillet, la fête __________ française, commémore la prise de la Bastille, qui a eu lieu le 14 juillet 1789 et a marqué le début de la ________française. La Bastille était une __________ et un symbole du pouvoir absolu de l'Ancien Régime de Louis XVI. Sa _________ par le peuple a montré que le pouvoir du roi n'était plus absolu. Elle a marqué la fin de la monarchie et la _________ de la Nation souveraine et, finalement, de celle de la Première République, en 1792.
Réponse :
Le Quatorze Juillet, la fête nationale française, commémore la prise de la Bastille, qui a eu lieu le 14 juillet 1789 et a marqué le début de la Révolution française. La Bastille était une prison et un symbole du pouvoir absolu de l'Ancien Régime de Louis XVI. Sa prise par le peuple a montré que le pouvoir du roi n'était plus absolu. Elle a marqué la fin de la monarchie et la naissance de la Nation souveraine et, finalement, de celle de la Première République, en 1792.

SECTION C
(Grammaire) 30 points

6. Reliez les phrases en utilisant les pronoms relatifs : **5**
(que, laquelle, auquel, duquel, dont)
(a) Je vous présente Marianne. Nous irons en Allemagne avec elle.
(b) Regardez ce joli jardin. Il y a de beaux palmiers autour du jardin.
(c) Rohini va au concert avec son amie. Le père de son amie est musicien.
(d) L'employé est malade. M. Dubois vient de lui donner le dossier.

(e) Les photos sont jolies. Je les montrerai demain.

Réponse :

(a) Je vous présente Marianne **avec laquelle** nous irons en Allemagne.

(b) Regardez ce joli jardin **duquel** il y a de beaux palmiers autour.

(c) Rohini va au concert avec son amie **dont** le père est musicien.

(d) L'employé **auquel** M. Dubois vient de lui donner le dossier est malade.

(e) Les photos **que** je montrerai demain sont jolies.

7. Corrigez les fautes et récrivez : **5**

Rewathi va fêté son anniversaire la semaine prochaine. Elle a déjà envoyé les cartes d'invitation à leurs amis. Elle a écrit une bonne lettre à ses grands-parents pour leur inviter. Maintenant il y a beaucoup des choses à organiser : le menu, la décoration, la musique .... Quel joie !

Réponse :

Rewathi va fêter son anniversaire la semaine prochaine. Elle a déjà envoyé les cartes d'invitation à ses amis. Elle a écrit une bonne lettre à ses grands-parents pour les inviter. Maintenant, il y a beaucoup de choses à organiser : le menu, la décoration, la musique... Quelle joie !

8. Formez les questions pour les réponses suivantes : **5**

(a) Je me coucherai jusqu'<u>à midi.</u>

(b) <u>Si</u>, Jeanne est toujours en retard.

(c) Il y a <u>plus de 500</u> livres dans la bibilothéque.

(d) La peinture est <u>magnifique</u> !

(e) Ce joli tableau est <u>en tissu.</u>

Réponse :

(a) À quelle heure te coucheras-tu ?

(b) Est-ce que Jeanne est en retard ?

(c) Combien de livres y a-t-il dans la bibliothèque ?

(d) Comment est la peinture ?

(e) De quoi est fait ce joli tableau ?

9. Mettez au discours directe ou indirecte selon le cas : **5**

(a) Maman nous conseille de ne pas sortir de la maison car il pleut.

(b) Je demande à Alex s'il a bien préparé pour les examens d'aujourd'hui.

(c) « Que ferez-vous pour combattre la pollution? » La directrice nous demande.

(d) Les parents de Stéphane la conseillent, « Sois sage et occupe-toi de ta sœur ! »

(e) Gérard demande à ses amis, « Allons-nous au cinéma ce soir ? ».

Réponse :

(a) Maman nous dit : « Ne sortez pas de la maison car il pleut. »

(b) Je demande à Alex : « As-tu bien préparé pour les examens d'aujourd'hui ? »

(c) La directrice nous demande : « Que ferez-vous pour combattre la pollution ? »

(d) Les parents de Stéphane la conseillent d'être sage et de s'occuper de sa sœur.

(e) Gérard demande à ses amis s'ils vont au cinéma ce soir.

10. Complétez en mettant les verbes aux temps convenables : **5**

(a) Loulou a eu des larmes aux yeux __________ (en recevant, recevant, reçoivent, reçoit) la bonne nouvelle.

(b) Il ___________ (ferait, faisait, aura fait, aurait fait) un tour du monde s'il avait été riche.

(c) Demain dès que leur mère ___________ (était sortie, sortira, serait sortie, sera sortie), elles ___________ (se mettront, se sont mises, se mettraient, se sont mis) à téléphoner aux amis.

(d) La directrice a aperçu les élèves dans la classe ___________(dansaient, en dansant, dansant, dansent).

Réponse :

(a) Loulou a eu des larmes aux yeux en recevant la bonne nouvelle.

(b) Il aurait fait un tour du monde s'il avait été riche.

(c) Demain dès que leur mère sera sortie, elles se mettront à téléphoner aux amis.

(d) La directrice a aperçu les élèves dans la classe dansant.

11. Remplissez les tirets avec les bonnes réponses : **5**

(a) Il faut que tu __________ (ailles, aille, vas, iras) à l'école et _______ (fais, feras, fasses, fasse) bien tes études.
(b) Je voudrais que vous ________ (prendrez, preniez, prenez, prendez) vos repas lentement.
(c) C'est nécessaire que je _________ (finisse, finis, finirai, finisses) mon travail tout de suite.
(d) Il est important que tout le monde ________ (soient, est, seront, soit) attentif pendant le discours.
Réponse :
(a) Il faut que tu ailles à l'école et fasses bien tes études.
(b) Je voudrais que vous preniez vos repas lentement.
(c) C'est nécessaire que je finisse mon travail tout de suite.
(d) Il est important que tout le monde soit attentif pendant le discours.

12. Retrouvez les phrases : **5**
(a) ce / découvrir / nous / dois / pays / visiter / tu / pour.
(b) me / me / je / suis / en / blessée / promenant.
(c) avant / te / le / manger / ne / de / couche / dîner / pas.
(d) les / pendant / il / soyez / que / calmes / faut / examens / vous.
(e) de / dictionnaire / puis / votre / -je / servir / me ?
Réponse :
(a) Tu dois visiter ce pays pour nous découvrir.
(b) Je me suis blessée en me promenant.
(c) Ne te couche pas avant de manger le dîner.
(d) Il faut que vous soyez calmes pendant les examens.
(e) Puis-je me servir de votre dictionnaire ?

SECTION D
(Culture Et Civilisation) 20 points

13. Répondez à cinq des questions suivantes :
(a) De quoi a-t-on besoin pour s'inscrire à la bibliothèque ?
(b) Qu'est-ce que c'est « zapper » ? Nommez deux chaînes françaises.
(c) Qu'est-ce que c'est le « Panchatantra » ?
(d) À quoi sert le Minitel ?
(e) Que comprenez-vous par « ANPE » et « TGV » ?
(f) Que connaissez-vous des Bateaux-Mouches ?
Réponse :
(a) Pour s'inscrire à la bibliothèque, on a généralement besoin d'une pièce d'identité, d'un justificatif de domicile et parfois d'une photo. Certaines bibliothèques peuvent également demander un formulaire d'inscription à remplir.
(b) « Zapper » signifie changer rapidement de chaîne de télévision à l'aide d'une télécommande. Deux chaînes françaises sont TF1 et France 2.
(c) Le « Panchatantra » est un ancien texte indien, composé de contes et de fables, qui enseigne des leçons de morale et de sagesse à travers des histoires d'animaux. Il est souvent utilisé pour enseigner la philosophie et la politique.
(d) Le Minitel est un terminal de communication qui a été largement utilisé en France dans les années 1980 et 1990. Il permettait d'accéder à des services en ligne, tels que des annuaires, des informations sur des voyages, des réservations, et d'autres services d'information.
(e) **ANPE :** L'ANPE (Agence Nationale Pour l'Emploi) était l'agence française de l'emploi, responsable de l'aide à la recherche d'emploi et de l'accompagnement des chômeurs. Elle a été remplacée par Pôle emploi en 2008.
TGV : Le TGV (Train à Grande Vitesse) est un train à grande vitesse qui dessert le réseau ferroviaire français, permettant de voyager rapidement entre différentes villes.
(f) Les Bateaux-Mouches sont des bateaux touristiques qui naviguent sur la Seine à Paris. Ils offrent des croisières commentées, permettant aux visiteurs de découvrir les monuments et les sites historiques de la ville tout en profitant de la vue sur l'eau.

14. Reliez les colonnes A et B et récrivez : **3**

Colonne A	Colonne B
(a) La télécarte	(1) Les Députés
(b) Bic	(2) sert à téléphoner
(c) L'Assemblée Nationale	(3) Curriculum Vitae
(d) Secrétaire	(4) bureau
(e) Formation	(5) journal
(f) Le Monde	(6) ranger les dossiers

Réponse :
(a)-2, (b)-(4), (c)-(1), (d)-(6), (e)-(3), (f)-(5)

15. Complétez : **3**
(a) Il y a des ______________ à Ajantha. (caves, grottes, stations, montagnes)
(b) Un ___________ paraît tous les jours. (hebdomadaire, mensuel, quotidien, rubrique)
(c) ______________ est un moyen de paiement. (Carte Orange, Carte Visa, Carte Rouge, Carte Coupe-file).
(d) Alexandre Dumas est l'auteur de « ______________ ». (Les Trois Mousquetaires, Le Renard et Les Raisins, Le Petit Prince, Le Malade Imaginaire)
(e) ____________ est une petite voiture française. (Renault Megane Coupe, Ambassador, Skoda, Concorde)(f) Dans une petite annonce, « J.F. » veut dire ______________ . (jeune femme, jolie fille, jolie femme, joyeuse fête)
(f) Dans une petite annonce, « J.F. » veut dire ______________ . (jeune femme, jolie fille, jolie femme, joyeuse fête)
Réponse :
(a) Il y a des grottes à Ajantha.
(b) Un quotidien paraît tous les jours.
(c) Carte Visa est un moyen de paiement.
(d) Alexandre Dumas est l'auteur de « Les Trois Mousquetaires ».
(e) Renault Megane Coupe est une petite voiture française.
(f) Dans une petite annonce, « J.F. » veut dire jeune femme.

16. Dites Vrai ou Faux : **4**
(a) Il ne faut pas gaspiller le gaz.
(b) « Fumer », c'est très bon pour la santé.
(c) On doit être gentil avec les camarades de classe.
(d) Il est interdit de klaxonner devant un hôpital.
Réponse :
(a)-Vrai (b)-Faux (c)-Vrai (d)-Vrai

CBSE PREVIOUS YEAR QUESTION PAPER (2014-15)
SUBJECT CODE: 018

Code

No. 20

Roll No.

Candidates must write the Code on the title page of the answer-book.

Instructions:

- Please check that this question paper contains 3 printed pages.
- Q.P. Code given on the right-hand side of the question paper should be written on the title page of the answer-book by the candidate.
- Please check that this question paper contains 16 questions.
- Please write down the serial number of the question in the answer-book before attempting it.
- 15 minutes time has been allotted to read this question paper. The question paper will be distributed at 10.15 a.m. From 10.15 a.m. to 10.30 a.m., the students will read the question paper only and will not write any answer on the answer-book during this period.

SUMMATIVE ASSESSMENT – II
FRENCH

Time allotted: 3 hours **Maximum Marks : 80**

The Question paper is divided into four sections :

Section A : Reading Comprehension - 10 marks
Section B : Writing - 20 marks
Section C : Grammar - 30 marks
Section D : Culture and Civilisation - 20 marks

SECTION A

1. Lisez bien le texte et répondez aux questions qui suivent :

L'Inde a réussi à placer sa sonde en orbite de Mars, un succès pour cette première mission indienne vers la planète rouge.''L'Inde à reussi à atteindre Mars. Félicitations à vous tous, au pays tout entier. L'histoire s'écrit aujourd'hui'', a annoncé le premier ministre depuis le siège de la mission pilotée par l'agence spatiale indienne (ISRO) à Bangalore, au sud du pays. La sonde Mars Orbiter Mission (MOM) – également baptisée « Mangalyaan » par les Indiens – avait décollé le 5 novembre 2013. Elle a été conçue et produite en un temps record et avec un budget réduit, l'Inde atteignant son objectif de devenir le premier pays d'Asie à atteindre Mars. Seuls les États-Unis, la Russie et l'Europe ont réussi dans cette entreprise jusque-là. Avec un budget de 74 millions de dollars, la mission indienne n'a coûté qu'une fraction de la sonde « MAVEN » de la NASA. La sonde indienne est munie de capteurs destinés à mesurer la présence de méthane dans l'atmosphère de Mars, qui accréditerait l'hypothèse d'une forme de vie primitive sur cette planète.

1.1 Choisissez la bonne réponse : **2**

(a) La planète rouge est ....
(i) Mars.
(ii) « Mangalyaan ».
(iii) NASA.
(b) ISRO est ....
(i) une planète.
(ii) une sonde.
(iii) une agence spatiale.
(c) Le premier pays d'Asie d'atteindre Mars est ....
(i) l'Inde.
(ii) les États-Unis .
(iii) la Russie.
(d) MOM avait décollé le ....
(i) 6 octobre 2013.
(ii) 5 novembre 2013.
(iii) 5 novembre 2014.

Réponse :

1.1 a.(i) Mars (b).(iii) une agence spatiale (c).(i) l'Inde (d).(ii) 5 novembre 2013

1.2 Dites « Vrai » ou « Faux » : **2**

(a) ISRO se trouve à Bangalore.
(b) On appelle la sonde MOM « Mangalyaan ».
(c) « Maven » est le gaz dans l'atmosphère.
(d) MOM va mesurer la présence de méthane dans l'atmosphère de Mars.

Réponse :

(a) vrai (b) vrai (c) faux (d) vrai

1.3 Complétez avec les mots du texte : **4**

(a) Ce garçonnet a été ____________ (produit, conçu, baptisé) Jean-Pierre d'après son grand-père.
(b) L'architecte va ___________ (atteindre, mesurer, annoncer) la longueur de ce salon.
(c) Je ne peux pas acheter la nouvelle BMW, j'ai un tout petit ____________ (mission, budget, objectif).
(d) Le champion a complété la course de 1000 m en un temps __________ (record, entier, conçu). Il a gagné la coupe

Réponse :

(a) baptisé (b) mesurer (c) budget (d) record

1.4 Cherchez dans le texte : **2**

(a) le contraire de « échoué » ; « moderne ».
(b) la forme nominale de « succéder ».
(c) la forme verbale de « l'écriture ».

Réponse :

(a) réussi : primitive
(b) succès
(c) écrit/écrire

SECTION B **20 MARKS**

2. Écrivez une lettre d'environ 80 mots : 10

(a) À votre ami qui est au chômage. Donnez-lui des conseils.

OU

(b) À vos grands-parents pour leur dire pourquoi vous aimez aller à la bibliothèque.

Réponse :

Cher Thomas,

J'espère que tu vas bien. Je sais que tu es au chômage en ce moment, mais ne perds pas espoir ! Je te conseille de mettre à jour ton CV et de l'envoyer à plusieurs entreprises. Inscris-toi sur des sites de recherche d'emploi comme Pôle Emploi ou Indeed. N'hésite pas à parcourir les petites annonces et à te renseigner sur des stages ou des missions temporaires. Reste positif et continue à chercher, je suis sûr que tu trouveras un bon emploi bientôt !

Prends soin de toi,
Amicalement,
Julien

OU

Chers grands-parents,

J'espère que vous allez bien. Je voulais vous dire combien j'aime aller à la bibliothèque. C'est un endroit calme où je peux découvrir de nouveaux livres et apprendre beaucoup de choses. Les bibliothécaires sont toujours gentils et prêts à m'aider à choisir des histoires passionnantes. J'apprécie également le fait de pouvoir me plonger dans des livres sur des sujets qui m'intéressent, comme l'histoire et la science. J'aimerais vous y emmener un jour pour que vous voyiez tous les trésors qu'on y trouve !

Avec tout mon amour,

Lucie

3. Voici « la recette du gâteau au yaourt extra moelleux ». Mettez en ordre cette recette : **5**

- Mettre ce mélange dans une moule beurrée.
- Ajouter la levure et le sucre vanillé dans le mélange et puis verser l'huile. Mélanger.
- Ensuite ajouter le sucre et la farine dans ce mélange et bien remuer.
- Enfin enfourner pendant 30 minutes à 180 degrés.
- D'abord verser le yaourt et les œufs dans un saladier et bien mélanger.

Réponse :

- D'abord verser le yaourt et les œufs dans un saladier et bien mélanger.
- Ajouter la levure et le sucre vanillé dans le mélange et puis verser l'huile. Mélanger.
- Ensuite ajouter le sucre et la farine dans ce mélange et bien remuer.
- Mettre ce mélange dans un moule beurré.
- Enfin enfourner pendant 30 minutes à 180 degrés.

4.(a) Votre ami vous invite à la soirée du nouvel an, mais vous ne pouvez pas y aller. Rédigez le refus. (30mots) **5**

OU

(b) Donnez la recette d'un dessert français d'environ 30 mots.

Réponse :

(a) Cher Antoine,

Merci beaucoup pour ton invitation à la soirée du Nouvel An. Malheureusement, je ne pourrai pas y assister cette année. Amuse-toi bien et pense à moi !

Amitiés,
Marie

(b) Pour préparer une crème brûlée, mélangez 500 ml de crème, 100 g de sucre, 4 jaunes d'œufs et une gousse de vanille. Versez dans des ramequins et caramélisez le dessus.

5. Complétez le texte à l'aide des mots/des expressions donnés : **5**

(nécessité, journalistes, imprimé, idée, vrais)

C'est Béatrice d'Irube qui a eu l'___________ de créer un vrai journal, le « JDE » pour les enfants en 1984. Elle croyait toujours à la _________d'informer les enfants pour qu'ils deviennent « de___________ citoyens avec un esprit critique ». Le premier numéro a été ___________ le 29 Septembre 1984. Béatrice disait souvent : « Je dors JDE, je réfléchis JDE, je vis JDE ». Elle est morte en 2010, mais les___________du JDE ne l'oublient jamais en rédigeant leurs articles.

Réponse :

C'est Béatrice d'Irube qui a eu l' idée de créer un vrai journal, le « JDE » pour les enfants en 1984. Elle croyait toujours à la nécessité d'informer les enfants pour qu'ils deviennent « de vrais citoyens avec un esprit critique ». Le premier numéro a été __ imprimé le 29 Septembre 1984. Béatrice disait souvent : « Je dors JDE, je réfléchis JDE, je vis JDE ». Elle est morte en 2010, mais les journalistes du JDE ne l'oublient jamais en rédigeant leurs articles.

SECTION C

6. Remplissez les tirets en utilisant des articles définis ou partitifs : **5**

Jean-Martin fait un régime, alors il ne mange pas ___________ sucreries et il n'aime pas ___________ fromage. Il mange _________ salade verte et________ légumes. Il boit ________ lait écrémé.

Réponse :

Jean-Martin fait un régime, alors il ne mange pas **des/les** sucreries et il n'aime pas **le** fromage. Il mange **de la/la** salade verte et **des/les** légumes. Il boit **du/le** lait écrémé.

7. Complétez en mettant les verbes aux temps convenables : **5**

(a) Hier Nathalie __________ (s'était blessée, s'est blessée, se blessait) la jambe ___________ (nageaient, nageant, en nageant) très vite.

(b) ________ (Se couche, Te couches, Couche-toi) tôt si tu as trop de travail le matin.

(c) Demain aussitôt que vous ____________ (aurez rencontré, auriez rencontré, aviez rencontré) le PDG, vous entendrez la bonne nouvelle.

(d) Si nous avions complété nos devoirs à l'heure, nous ____________(sortirions, serions sortis, sortirons) pour le dîner.

Réponse :

(a) s'est blessée, en nageant (b) Couche-toi (c) aurez rencontré (d) serions sortis

8. Mettez les verbes au subjonctif : **5**

(a) Il faut qu'elle _________ (aille, allies, aile) chez le médecin et __________ (prend, prenne, prene) des médicaments.

(b) Le chef exige que nous __________ (savions, sachons, sachions) bien les règles.

(c) C'est obligatoire que tout le monde ____________ (fasse, fasses, faisiez) la queue devant le guichet.

(d) Il est important que tu ___________ (s'asseyes, t'assoies, t'assisse) devant le tableau.

Réponse :

(a) aille, prenne (b) sachions (c) fasse (d) t'assoies

9. Remplissez les tirets en utilisant le pronom relatif simple ou composé : **5**

(a) C'est Nisha, pour ____________ (qui, lequel, que) je viens d'acheter ce collier.

(b) Promenons-nous dans ce parc, autour __________ (lequel, duquel, où) il y a de grands orangers.

(c) Regarde le buffet sur __________ (auquel, que, lequel) il y a un beau vase chinois.
(d) L'étranger ___________ (dont, à laquelle, qui) tu m'avais parlé vient d'avoir un accident.
(e) Dis-moi ____________ (à lesquelles, dont, à qui) vous allez montrer vos belles photos !
Réponse :
(a) qui (b) duquel (c) lequel (d) don't (e) à qui

10. Répondez affirmativement aux questions en utilisant le pronom personnel : **5**
(a) A-t-il rangé les cartes postales ?
(b) Voulez-vous vous servir de mes ciseaux ?
(c) Iront-ils à Tokyo demain ?
(d) Vas-tu partir avec tes cousins ?
(e) Voudraient-elles parler au PDG ?
Réponse :
(a) Oui, il les a rangées.
(b) Oui, je/nous veux/voulons m'/nous en server.
(c) Oui, ils y iront demain.
(d) Oui, je vais partir avec eux.
(e) Oui,ells voudraient lui parler.

11. Formez les questions pour les réponses suivantes : **5**
(a) Elle parlera longuement.
(b) Si, il m'avait téléphoné.
(c) Ce disque est à Jean-Paul.
(d) Moi, j'en ai quatre.
(e) Nous allons à la discothèque.
Réponse :
(a) Comment parlera-t-elle ? / Combien de temps parlera-t-elle ?
(b) Est-ce qu'il ne t'avait pas téléphoné ?
(c) A qui est ce disque ? / Ce disque, à qui est-il ?
(d) Combien de +noun+as-tu/avez-vous ? / Combien as-ty/avez-vous ? / Combien en as-tu/avez-vous ?
(e) Où allez-vous/vas-tu ?/ Vous allez où ?
12. Mettez au discours direct ou indirect selon le cas : **5**
(a) Ma sœur me demande : « À quelle heure viendras-tu me chercher ? »
(b) Hélène demande à ses amis : « Nous rencontrerons-nous samedi prochain ? »
(c) La mère de Natasha lui demande ce qu'elle a mis entre ses livres.
(d) Papa conseille à Mohan : « Ne conduis pas trop vite ! »
(e) Le professeur nous ordonne d'être à l'heure tous les jours.
Réponse :
(a) Ma sœur me demande à quelle heure je viendrai la chercher.
(b) Hélène demande à ses amis s'ils se rencontreront samedi prochain.
(c) La mère de Natasha lui demande : « Qu'est-ce que tu as/elle a/vous avez/j'ai mis entre tes/ses/vos/mes livres? »
(d) Papa conseille à Mohan de ne pas conduire trop vite.
(e) Le professeur nous ordonne: « Soyez/Soyons à l'heure tous les jours! »

SECTION D

13. Répondez à cinq des questions suivantes : **10**
(a) Quand vous avez tapé des textes, que devez-vous faire ?
(b) Qu'est-ce qu'un hebdomadaire ?
(c) Qu'est-ce que c'est « le Panchatantra ? »
(d) À quoi sert la carte Visa ?
(e) Quelle est la limitation de vitesse sur les autoroutes et les routes ?

(f) Que fait-on si on tombe sur un répondeur ?
Réponse :
(a) Quand je tape des textes, je dois imprimer / rédiger sous forme de lettres / envoyer comme mél/télécopie/fax.
(b) Un hebdomadaire paraît une fois par semaine.
(c) Le « Panchatantra » est un ancien texte indien, composé de contes et de fables, qui enseigne des leçons de morale et de sagesse à travers des histoires d'animaux. Il est souvent utilisé pour enseigner la philosophie et la politique.
(d) La carte Visa sert à payer./ C'est un moyen de paiement.
(e) La limitation de vitesse sur les autoroutes est 130 km/h et sur les routes, c'est 90 km/h.
(f) Si on tombe sur un répondeur, on laisse un message (après le bip sonore).

14. Reliez les colonnes A et B et récrivez :

Colonne A	Colonne B
(a) Eurostar	(i) L'Assemblée Nationale
(b) Une chaîne	(ii) Les Trois Mousquetaires
(c) Carte téléphonique	(iii) Eurotunnel
(d) Bateaux-Mouches	(iv) ARTE
(e) Les Députés	(v) Seine
(f) Alexandre Dumas	(vi) téléphoner

Réponse :
(a).iii (b).iv (c).vi (d).v (e).i (f).ii

15. Complétez les tirets : **3**
(a) __________ et __________ sont deux rubriques d'un journal.
(b) Un ___________ paraît chaque mois.
(c) Antoine de Saint Exupéry est l'auteur de « ___________ ».
(d) __________ et ____________ sont deux parties d'un CV.
Réponse :
(a) La sport/La culture/La météo/La politique inérieure/La politique étrangère/Le courrier des lecteurs/Le fait divers/Les petites annonces
(b) mensuel
(c) Le Petit Prince
(d) Formaion/Expérience professionnelle/nom/prénom/date de naissance/état civil/adresse/numéro de téléphone/Divers
16. Dites « Vrai » ou « Faux » : **4**
(a) Pour gagner un match de tennis, il faut travailler en équipe.
(b) Quand on conduit une voiture, on doit parler au téléphone portable.
(c) Pour être en bonne santé, il est important de boire du coca tous les soirs.
(d) Il est nécessaire de lire le journal pour s'informer.
Réponse :
(a) vrai (b) faux (c) faux (d) vrai

CBSE PREVIOUS YEAR QUESTION PAPER (2015-2016)

SUBJECT CODE: 018

Set - 4

Code No. 20

Roll No.

Candidates must write the Code on the title page of the answer book.

Instructions:

- Please check that this question paper contains 4 printed pages.
- Q.P. Code given on the right-hand side of the question paper should be written on the title page of the answer-book by the candidate.
- Please check that this question paper contains 16 questions.
- Please write down the serial number of the question in the answer-book before attempting it.
- 15 minutes time has been allotted to read this question paper. The question paper will be distributed at 10.15 a.m. From 10.15 a.m. to 10.30 a.m., the students will read the question paper only and will not write any answer on the answer-book during this period.

SUMMATIVE ASSESSMENT – II

FRENCH

Time allotted: 3 hours **Maximum Marks: 80**

The Question paper is divided into four sections :

Section A : Reading Comprehension - 10 marks

Section B : Writing - 20 marks

Section C : Grammar - 30 marks

Section D : Culture and Civilisation - 20 marks

SECTION - A

(Compréhension) 10

Lisez bien le texte et répondez aux questions qui suivent :

Le Gouffre de Padirac est une entrée monumentale de cavité naturelle, situé dans le Lot en France, d'une dimension d'environ 35 mètres de diamètre. Au fond de la cavité, à 103 mètres de profondeur, coule une rivière souterraine qui parcourt une partie d'un grand réseau de plus de 40 kilomètres de développement. Le spéléologue* Édouard-Alfred Martel a été le découvreur de la rivière souterraine du gouffre de Padirac. La longueur de la rivière souterraine est de 20 kilomètres et sa profondeur varie de 50 cm à 6 m sur la partie visitée, la température de l'eau est constante à 12°C, cele de la grotte est toujours de 13°C. Padirac a le record de fréquentation pour le tourisme souterrain en France : plus de 400 000 visiteurs par an avec un record de 460 000 entrées en 1991. 85 personnes, en majorité des saisonniers, sont employées par la société d'exploitation spéléologique du gouffre de Padirac. Aujourd'hui, le Gouffre de Padirac se classe dans les cent plus longues cavités souterraines naturelles.

spéléologue* : speleologist (a scientist who studies caves)

1.1 Choisissez la bonne réponse : **0.5×4=2**

(a) Le Gouffre de Padirac est une ...
(i) rivière souterraine.
(ii) cavité naturelle.
(iii) une ville française.

(b) Au fond de la cavité, il y a ...
(i) une rivière souterraine.
(ii) une ville française.
(iii) société d'exploitation spéléologue.

(c) La longueur de la rivière souterraine est de ...
(i) 50 kilomètres.
(ii) 85 kilomètres.
(iii) 20 kilomètres.

(d) Padirac a plus de _visiteurs par an.
(i) 460 0 0 0
(ii) 500 000
(iii) 400 000

Réponse:

1.1 (a) cavité naturelle (b) une rivière souterraine (c) 20 kilomètres (d) 400 000

1.2 Dites « Vrai » ou « Faux » : **0.5x4=2**

(a) Le Gouffre de Padirac est situé dans le Lot en France.
(b) Le spéléologue Édouard-Alfred Martel a découvert la rivière souterraine.
(c) La température de l'eau est toujours plus que celle de la grotte.
(d) Le Gouffre de Padirac se classe dans les cent plus longues cavités souterraines naturelles.

Réponse:

1.2 (a) Vrai (b) Vrai (c) Faux (d) Vrai

1.3 Complétez les phrases avec les mots du texte : **1x4=4**

(a) Allons au bord de la petite rivière qui (varie, coule, visite) derrière la maison !
(b) Sahil a beaucoup de fièvre. Sa température - (constante, varie, située) de 102° F à 104°. Il doit aller chez le médecin.
(c) Ce matin, le (record, tourisme, réseau) télématique est en panne. On ne peut pas envoyer un mél.
(d) Il y a trop de monde devant le musée; en (saisonnier, fond, majorité) des élèves étrangers !

Réponse :

1.3 (a) coule (b) varie (c) réseau (d) majorité

1.4 Cherchez dans le texte : **0.5x4=2**

(a) le contraire de « artificielle ».
(b) la forme nominale de « développer ».
(c) un autre mot pour « énorme ».
(d) la forme verbale de « la variété ».

Réponse :

(a) naturelle (b) développement (c) grand/monumentale (d) varie/varier

SECTION – B
(Expression Écrite)

2. Écrivez une lettre d'environ 80 mots : **10**

(a) À votre cousin / cousine qui est malade. Encouragez-le/la !

OU

(b) Daniel écrit à sa grand-mère pour lui décrire le moyen de transport en France.

Réponse :

(a) Chère cousine,
J'ai appris que tu n'es pas en grande forme ces derniers jours. Je voulais te dire de rester forte et courageuse. Chaque jour qui passe te rapproche de la guérison. Prends bien soin de toi, repose-toi, et surtout garde le moral. Je suis sûr que tu te remettras vite sur pied ! Je pense très fort à toi et j'espère te revoir bientôt en pleine forme.

Avec tout mon soutien,
[Votre prénom]

(b) Chère Grand-mère,
Je t'écris pour te parler des moyens de transport en France. Ici, nous avons beaucoup d'options ! Il y a le métro dans les grandes villes, qui est très rapide. On peut aussi prendre le train pour voyager entre les régions, surtout le TGV, qui est vraiment rapide. Les bus et les trams sont très pratiques pour se déplacer en ville. J'adore voyager ainsi !

Je t'embrasse,
Daniel

3. Mettez ce dialogue en ordre : 5

- Je parle Mandarin, Français et Anglais. Aujourd'hui c'est mon premier jour au lycée.
- Bien sûr ! Apprendre une nouvelle langue nous enrichit.
- Bonjour tout le monde ! Je suis Lin Ling. Je viens de Beijing.
- Bienvenue Lin Ling. Il faut que tu nous enseigne le Mandarin.
- Salut Lin Ling ! Quelles langues parles-tu ?

Réponse :

- Bonjour tout le monde ! Je suis Lin Ling. Je viens de Beijing.
- Salut Lin Ling ! Quelles langues parles-tu ?
- Je parle Mandarin, Français et Anglais. Aujourd'hui c'est mon premier jour au lycée.
- Bienvenue Lin Ling. Il faut que tu nous enseigne le Mandarin.
- Bien sûr ! Apprendre une nouvelle langue nous enrichit.

OU

4. (a) Votre ami vous invite pour regarder un bon film avec lui. Mais vous ne pouvez pas y aller. Laissez un message d'environ
30 mots pour lui : 5

OU

(b) Invitez votre ami(e), pour une soirée musicale dans votre quartier. Écrivez ce message (30 mots).

Réponse :

(a) Salut ! Merci pour ton invitation, mais je ne pourrai pas venir regarder le film avec toi ce soir. J'ai déjà un autre engagement. J'espère qu'on pourra se voir bientôt !

(b) Salut ! Il y a une super soirée musicale dans mon quartier ce week-end. Ça te dirait de venir avec moi ? Ce serait génial de passer la soirée ensemble !

5. Complétez le texte à l'aide des mots/des expressions donnés :
(gagné, Wimbledon, joueur, différentes, meilleur) **5*1=5**

Raphael Nadal Parera est un_de tennis espagnol : Il est considéré par de nombreux spécialistes comme le joueur de terre battue de l'histoire du tennis. Il a remporté quatorze tournois du Grand Chelem. Il a remporté également le tournoi de en 2008 et 2010, l'Open d'Australie 2009 et l'US Open 2010 et 2013. Il est aussi le seul joueur de l'histoire à avoir_3 titres du grand Chelem sur 3 types de surface la même année (gazon, terre battue, dur).

Réponse :

Raphael Nadal Parera est un **joueur** de tennis espagnol : Il est considéré par de nombreux spécialistes comme le **meilleur** joueur de terre battue de l'histoire du tennis. Il a remporté quatorze tournois du Grand Chelem. Il a remporté également le tournoi de **Wimbledon** en 2008 et 2010, l'Open d'Australie 2009 et l'US Open 2010 et 2013. Il est aussi le seul joueur de l'histoire à avoir **gagné** 3 titres du grand Chelem sur 3 types de surface **différentes** la même année (gazon, terre battue, dur).

SECTION - C
(Grammaire) 30 points

6. Complétez avec les articles définis, indéfinis, partitifs ou contractés (le, la, l',les, un, une, des, au, aux, du, de la, de l',
des):

0.5×10=5Si vous voulez aider votre mère vous pourrez aller faire _course_marché. Vous achèterez _fruits et _légumes. Puis vous irez acheter pain à _boulangerie. Ensuite vous entrerez acheter _lait et _ _ œufs dans _crémerie. Enfin vous pourrez manger- glace !

Réponse :

Si vous voulez aider votre mère vous pourrez aller faire **la/une** course **au/du** marché. Vous achèterez **les/des** fruits et **les/des** légumes. Puis vous irez acheter pain à **la** boulangerie. Ensuite vous entrerez acheter **du/le** lait et **des/les** œufs dans **la/une** crémerie. Enfin vous pourrez manger **la/une/de la** glace !

7. Complétez les phrases avec les pronoms relatifs simples ou composés : **1x5=5**

(a) Le parc- (sur lequel, dans laquelle, près duquel) vous habitez est grand.
(b) L'image- (que, qui, laquelle) nous regardons est jolie.
(c) Je viens d'acheter le roman - (que, dont, auquel) tu m'as parlé.
(d) Les questions (desquels, auxquelles, que) il me donne les réponses sont faciles.
(e) Voici mon ami (qui, que, lequel) vient de l'Angleterre.

Réponse :

(a) près duquel (b) que (c) dont (d) auxquelles (e)
qui

8. Complétez les phrases avec les adjectifs ou les pronoms possessifs : **1x5=5**

(a) Je ne trouve pas mes lunettes. Puis-je me servir -, (des tiens, du tiens, tes) s'il te plaît?
(b) Ces images ne sont pas claires. Comment sont- (nos, vos, les nôtres) ?
(c) Mes élèves, rédigez bien- (nos, vos, les vôtres) réponses, s'il vous plaît !
(d) Sita va envoyer les cartes à ses cousins. Et eux, les enverront-ils (les leurs, leurs, aux leurs) ?
(e) L'aveugle traverse la rue avec— - (le sien, le tien, son) chien.

Réponse :

(a) des tiens/du tiens (b) les nôtres (c) vos (d) aux leurs (e) son

9. Remplacez les noms avec les pronoms personnels : **1x5=5**

(a) As-tu complété les exercices de grammaire ? (les, lui, y)
(b) Padma n'ira pas à Marseille. (la, lui, y)
(c) Montre ta photo, s'il te plaît ! (la, lui, en)
(d) Souvenez-vous de votre séjour en France ? (lui, en, votre)
(e) Je passerai le week-end avec ma grand-mère. (elle, moi, lui)

Réponse :

(a) Les as-tu complétés ?
(b) Padma n'y ira pas.
(c) Montre-la, s'il te plaît !

(d) En Souvenez-vous ?
(e) Je passerai le week-end avec elle.

10. Complétez en mettant les verbes aux temps convenables : **1x5=5**
(a) Il est nécessaire que vous ____ (faites, fassiez, faisiez) bien le travail.
(b) Nous gagnerions de bons points si nous ______ (avons étudié, étudiions, étudions) du
(c) ______(As, Ait, Aie) de la patience, s'il te plaît !
(d) Le concours ________ (commencera, commencerait, va commencer) dans cinq minutes !
(e) Quand je _________(apprends, apprendrai, apprenais) les verbes, mon ami a téléphoné.
Réponse :
(a) fassiez (b) étudiions (c) Aie (d) va commencer (e) apprenais

11. Changez au discours directe ou indirecte selon le cas : **1x5=5**
(a) Ma tante me conseille : « Ne conduis pas trop vite quand il pleut ! »
(b) Le professeur déclare que la fête de la musique aura lieu la semaine prochaine.
(c) Le garçon du restaurant nous demande ce que nous voulons boire.
(d) Le médecin demande à la petite : « As-tu mal au dos ? »
(e) Je lui demande : « Quand es-tu rentrée du Japon ? »
Réponse :
(a) Ma tante me conseille de ne pas conduire trop vite quand il pleut !
(b) Le professeur déclare : « La fête de la musique aura lieu la semaine prochaine. »
(c) Le garçon du restaurant nous demande : « Qu'est-ce que vous voulez boire ? »
(d) Le médecin demande à la petite si elle a mal au dos.
(e) Je lui demande quand elle est rentrée du Japon.
OU
12. Mettez les verbes au participe présent ou au gérondif selon le cas : **1x5=5**
(a) Je ferais mes devoirs (écoutant, en écoutant) la musique.
(b) Le vieil homme regardait le grand chien (jouant, en jouant)_dans le jardin.
(c) Maman a aperçu les enfants_ (dansant, en dansant) sur le lit, et elle s'est fâchée.
(d) Ne parlez pas au téléphone portable (conduisant, en conduisant), s'il vous plaît !
(e) La petite a blessé sa jambe_ (sautant, en sautant) de l'escalier.
Réponse :
(a) en écoutant (b) jouant (c) dansant (d) en conduisant (e) en sautant

SECTION - D
(Culture Et Civilisation) **20 points**

13. Répondez à cinq des questions suivantes
: **2x5=10**
(a) À quel problème peut-on faire face quand on vérifie ses nouveaux méls ?
(b) Qu'est-ce que c'est « un droit humain fondamental » ?
(c) Où est-ce que le Président français vit et travaille ?
(d) À quoi sert la carte Orange ?
(e) Comment conserver l'eau ? Donnez deux exemples.
(f) Que faut-il faire quand on est malade ?
Réponse :
(a) Quand on vérifie ses nouveaux méls on peut avoir un probème de connexion/le wi-fi ne marche pas (bien).
(b) La diversité culturelle est un droit humain fondamental.
(c) Le Président français vit et travaille au palais de l'Elysée.
(d) La carte Orange sert à voyager.
(e) Pour conserver l'eau, on peut réduire l'usage de l'eau/arroser le jardin le soir/fermer le robinet quand on n'en a pas besoin.
(f) Quand on est malade, on va chez le médecin/prend les médicaments/se repose.

14. Reliez les colonnes A et B et récrivez
: **0.5×6=3**

Colonne A	Colonne B
(a) problème de cœur	(1) billet
(b) réchauffement	(2) crise cardiaque
(c) répétition	(3) culturelle
(d) répondeur	(4) terre
(e) confirmation	(5) concert
(f) diversité	(6) message

Réponse :

(a) (2) (b) (4) (c) (5) (d) (6) (e) (1) (f) (3)

15. Dites « Vrai » ou « Faux »
: **1x4=4**

(a) Il faut utiliser les transports en commun pour économiser l'essence . _______
(b) Un bon citoyen n'élit pas son candidat préféré aux élections présidentielles. __________
(c) Connaître une autre culture nous enrichit. ________
(d) Les usines qui polluent aident l'environnement. ________

Réponse :

(a) Vrai (b) faux (c) vrai (d) faux

16. Complétez ces phrases avec la bonne réponse
: **0.5×6=3**

(a) Le médecin prescrit des _______ (ordonnance, médicaments, sécu).
(b) Bengaluru est une ville de la _____ (technologie de l'information, mode, architecture).
(c) En France, on doit prendre le _____ (taxi, bateau, métro) pour aller au lycée.
(d) On doit découvrir la ________ (richesse, mode, faiblesse) de la diversité des autres cultures.

Réponse :

(a) médicaments (b) technologie de l'information (c) métro (d) richesse

CBSE PREVIOUS YEAR QUESTION PAPER (2016-2017)
SUBJECT CODE: 018

Series HRK

Set-4

Code No. 20

Roll No.

Candidates must write the Code on the title page of the answer-book.

Instructions:

- Please check that this question paper contains 4 printed pages.
- Q.P. Code given on the right-hand side of the question paper should be written on the title page of the answer-book by the candidate.
- Please check that this question paper contains 16 questions.
- Please write down the serial number of the question in the answer-book before attempting it.
- 15 minutes time has been allotted to read this question paper. The question paper will be distributed at 10.15 a.m. From 10.15 a.m. to 10.30 a.m., the students will read the question paper only and will not write any answer on the answer-book during this period.

SUMMATIVE ASSESSMENT – II
FRENCH

Time allotted : 3 hours **Maximum Marks : 80**

The Question paper is divided into four sections :

Section A : Reading Comprehension - 10 marks
Section B : Writing - 20 marks
Section C : Grammar - 30 marks
Section D : Culture and Civilisation - 20 marks

SECTION A 10 marks

1. Lisez bien le texte et répondez aux questions qui suivent :

L'île de Bali se trouve à 3,2 km à l'est de Java. C'est le détroit de Bali qui fait la séparation entre Bali et Java. La chaîne montagneuse du centre de Bali comprend plusieurs pics de plus de 2000 mètres d'altitude. Le plus haut est l'Agung, un volcan actif baptisé la « mère montagne ». La nature volcanique de Bali contribue à son exceptionnelle fertilité et ses hautes chaînes montagneuses provoquent les fortes précipitations favorisant la forte production du secteur agricole. La vaste zone descendant du côté sud des montagnes est consacrée à la culture du riz. Le fleuve le plus long est la rivière Ayung. Bali n'a pas de voies navigables importantes. L'île est entourée de récifs coralliens*. Les plages du sud sont de sable blanc et celles du nord et de l'est sont de sable noir. Les plages de sable noir entre Pasut et Klatingdukuh ont été développées pour le tourisme. Trois petites îles situées au sud-est sont Nusa Penida, Nusa Lembongan et Nusa Ceningain. Elles sont séparées de Bali par le détroit de Badung.

(récifs coralliens : coral reefs)

1.1 Répondez aux questions : 1×2=2

(a) Quelle est l'importance des hautes chaînes montagneuses dans l'île de Bali ?

(b) Quelle est la différence entre les plages du sud et les plages du nord ?

1.2 Trouvez dans le texte un mot qui veut dire : **1×2=2**

(a) une céréale très populaire en Inde.

(b) une masse de terre entourée d'eau.

1.3 Cherchez dans le texte le contraire des mots : **½×4=2**

(a) bas

(b) passif

(c) faible

(d) montant

1.4 Trouvez du texte la forme nominale des verbes : **½×4=2**

(a) produire

(b) précipiter

(c) cultiver

(d) séparer

1.5 Dites « Vrai » ou « Faux » : **½×4=2**

(a) On appelle l'Agung, la « mère montagne ». ________

(b) La nature volcanique de Bali contribue à sa fertilité. ________

(c) Les récifs coralliens entourent l'île de Bali. ________

(d) Le détroit de Badung sépare Bali et Java. ________

Réponse :

1.1 (a) Les hautes chaînes montagneuses provoquent les fortes précipitations favorisant la forte production du secteur agricole.

(b) Les plages du sud sont de sable blanc et celles du nord et de l'est sont de sable noir.(Les plages de sable noire entre Pasut et Klatingdukh ont été développées pour le tourisme).

1.2 (a) riz (b) 'île

1.3 (a) haut/hautes (b) actif (c) forte/fortes/exceptionnelle (d) descendant

1.4 (a) la production (b) la précipitation/les précipitations (c) la culture (d) la séparation

1.5 (a) vrai (b) vrai (c) vrai (d) faux

SECTION B **25 marks**

2. Écrivez une lettre d'environ 80 mots :

(a) À votre cousin(e) décrivant le système politique en France. **10**

OU

(b) À votre correspondant(e) français(e) décrivant une fête au lycée.

Réponse :

(a) Cher/Chère [nom du cousin/cousine],

Je voulais te parler du système politique en France. C'est une république démocratique avec un président élu pour cinq ans. Il y a aussi un Premier ministre qui dirige le gouvernement. Le Parlement, composé de l'Assemblée nationale et du Sénat, vote les lois. Les citoyens français élisent leurs représentants, et le pouvoir est partagé entre les institutions pour garantir un équilibre. C'est un système complexe, mais efficace pour la démocratie.

À bientôt,

[Votre nom]

(b) Salut [nom du correspondant],

Je voulais te raconter une fête que nous avons eue au lycée récemment. C'était génial ! Il y avait de la musique, des danses, et tout le monde était habillé de manière festive. Nous avons même organisé un concours de talents, et plusieurs élèves ont montré leurs compétences en chant et en danse. L'ambiance était incroyable et c'était une super occasion de se détendre avant les examens.

À bientôt,
[Votre nom]

3. Mettez ce dialogue en ordre : **5**

– Est-ce vrai ? Pourquoi ?
– Allons au restaurant ce soir, Min Chin ! Nous mangerons des burgers et des chips !
– Et c'est pourquoi tu es en pleine forme ! Tu as raison, Min Chin !
– Je suis désolée Maryam ! Je ne mange plus de fast-food !
– Parce que le fast-food n'est pas bon pour la santé. Je mange des légumes et des fruits.

Réponse :

– Allons au restaurant ce soir, Min Chin ! Nous mangerons des burgers et des chips !
– Je suis désolée Maryam ! Je ne mange plus de fast-food !
– Est-ce vrai ? Pourquoi ?
– Parce que le fast-food n'est pas bon pour la santé. Je mange des légumes et des fruits.
– Et c'est pourquoi tu es en pleine forme ! Tu as raison, Min Chin !

OU

4. (a) Deepti vous invite pour regarder une bonne pièce au théâtre avec elle. Mais vous ne pouvez pas y aller. Rédigez le refus. (30 mots) **5**

OU

(b) Invitez votre ami(e) pour passer quelques jours chez vous à la campagne. Rédigez l'invitation. (30 mots)

Réponse :

(a) Salut Deepti, merci pour ton invitation au théâtre, mais je ne pourrai malheureusement pas venir cette fois-ci. J'ai un autre engagement. On se voit bientôt, j'espère !

(b) Salut ! Ça te dirait de passer quelques jours chez moi à la campagne ? Ce serait sympa de se retrouver au calme et de profiter de la nature ensemble.

5. Complétez le texte à l'aide des mots / des expressions donnés : **5**

(riz, Indien, Indonésie, nom, époque)

Java, est une île d'_________ faisant partie de l'Insulinde, baignée au sud par l'océan _________ et au nord par la mer de Java et entourée par Sumatra au nord-ouest, Bali à l'est et Bornéo au nord. Son _________ viendrait du sanscrit Javadvipa, « l'île du millet ». À cette _________, ils pratiquaient déjà la culture du millet. Ce n'est que plus tard que la culture du _________ aurait été introduite à Java.

Réponse :

Java, est une île d'**Indonésie** faisant partie de l'Insulinde, baignée au sud par l'océan **Indien** et au nord par la mer de Java et entourée par Sumatra au nord-ouest, Bali à l'est et Bornéo au nord. Son **nom** viendrait du sanscrit Javadvipa, « l'île du millet ». À cette **époque** , ils pratiquaient déjà la culture du millet. Ce n'est que plus tard que la culture du **riz** aurait été introduite à Java.

SECTION C 30 marks

6.Complétez avec les prépositions : **1×5=5**

(sur, de, derrière, en, chez)

(a) On admire les grands palmiers ________ l'île.
(b) Les enfants vont passer les vacances ________ leurs grands-parents.
(c) La chaleur est insupportable ________ été à Delhi.
(d) Regarde le bel oiseau perché ________ cet arbre !

(e) Son chien est mignon. Il court ________ le petit chat !

Réponse :

(a) de/sur (b) chez (c) en (d) sur (e) derrière

7. Trouvez la phrase et récrivez : **1×5=5**

(a) du / matins / le / boive / tous / lait / médecin / qu' / exige / les / il.
(b) Consulat / lève / au / -toi / Général / heure / pour / France / de / de / aller / bonne.
(c) une / nous / nouvelle / devons / langue / apprendre / aidera / nous / qui.
(d) Italie / si / serait / vacances / eu / Shiva / il / avait / en / des / parti.
(e) j' / achetée / la / est / peinture / ai / chère / que / très.

Réponse :

(a) Le médecin exige qu'il boive du lait tous les matins.
(b) Lève-toi de bonne heure pour aller au Consulat Général de France. / Pour aller au Consulat Général de France, lève-toi de bonne heure.
(c) Nous devons apprendre une nouvelle langue qui nous aidera.
(d) Si Shiva avait eu des vacances, il serait parti en Italie. / Il serait parti en Italie,si Shiva avait eu des vacances.
(e) La peinture que j'ai achetée est très chère./ La peinture est très chère que j'ai achetée.

8. Complétez les phrases avec les adjectifs ou les pronoms possessifs : **½×10=5**

(son, vos, sa, ma, leurs, aux siens, les miens, la tienne, la vôtre, au nôtre)
(a) Vous avez déjà complété ______ travaux. Je n'ai pas encore fait ______.
(b) Elles viennent de téléphoner à ______ amis, mais lui, il doit téléphoner ______.
(c) J'ai perdu ______ carte de lecteur. Avez-vous ______ ?
(d) Ils parlent à ______ proviseur. Nous n'allons pas parler ______.
(e) Meghna sortira avec ______ famille. Sortiras-tu avec ______ ?

Réponse :

(a) lesmiens (b) leurs, au siens (c) ma, la vôtre (d) au nôtre (e) la tienne

9. Mettez au négatif : **1×5=5**

(a) Il a déjà envoyés les cartes d'invitations.
(b) Tout le monde regarde la télé toute la journée.
(c) Mon grand-père aimerait la salade verte et poulet pour le dîner.
(d) Maman va mettre beaucoup de choses dans cette valise.
(e) Damien téléphone souvent à sa cousine.

Réponse :

(a) Il n'a pas encore envoyés les cartes d'invitations.
(b) Personne ne regarde la télé toute la journée. / Tout le monde ne regarde pas la télé toute la journée.
(c) Mon grand-père n'aimerait ni la salade verte ni poulet pour le dîner.
(d) Maman ne va rien mettre beaucoup de choses dans cette valise.
(e) Damien ne téléphone jamais/plus/pas souvent à sa cousine.

10. Mettez les verbes aux temps convenables : **1×5=5**

(a) M. Bennet a vu quelqu'un _____ (cachant, en se cachant, se cachant) derrière le mur.
(b) Dès que j' _____ (ai reçu, avais reçu, recevrai) la lettre, j'ai téléphoné à mes parents.
(c) Si tu avais complété ton travail à l'heure, tu _____ (aurais pu, pourrais, pourras) envoyer le mél.
(d) Aussitôt que papa sera rentré à la maison, il _____ (apercevra, aura aperçu, aperçoit) le grand paquet sur la table.
(e) _____ (Vous dépêchez, Vous vous dépêchez, Dépêchez-vous), monsieur ! Sinon, vous allez rater le vol !

Réponse :

(a) en se cachant (b) avais reçu (c) aurais pu (d) apercevra (e) Dépêchez-vous

11. Changez au discours directe ou indirecte selon le cas : **1×5=5**

(a) Je demande : « Papa, pensez-vous qu'il va pleuvoir ce matin ? »
(b) Zoé demande au professeur si elle peut entrer dans la classe.
(c) Le PDG dit : « Montrez-moi votre CV, M. Gupta ! »
(d) Arvind dit à son frère d'acheter de bons souvenirs de Paris.
(e) Mme Julienne demande à son sœur : « Que feras-tu en Inde ? »

Réponse :
(a) Je demande à Papa, s'il pense qu'il va pleuvoir ce matin.
(b) Zoé demande au professeur : « Est-ce que je peux/qu'elle peut entrer dans la classe. »
(c) Le PDG dit à (M. Gupta) de lui/ me montrer son CV.
(d) Arvind dit à son frère : « Achetons/Achetez de bons souvenirs de Paris ! »
(e) Mme Julienne demande à son sœur ce qu'elle fera en Inde.

OU

12. Mettez les verbes au subjonctif : **1×5=5**

(a) La mère de Katie veut qu'elle ______ (être) gentille avec son petit frère.
(b) Le professeur est heureux que Jean-Pierre ______ (pouvoir) parler japonais si bien.
(c) Mme la Directrice exige que tout le monde ______ (écrire) soigneusement pendant les examens.
(d) Il est nécessaire que vous ______ (remplir) les formulaires tout de suite.
(e) Pour être en bonne santé, il est important que je ______ (prendre) mon dîner à l'heure.

Réponse :
(a) soit (b) puisse (c) écrive (d) remplissiez (e) prenne

SECTION D 20 marks

13. Répondez à cinq des questions suivantes : **2×5=10**

(a) Pourquoi la date, 21 mai, est-elle importante ?
(b) Est-ce que Internet est important dans votre vie ? Pourquoi ?
(c) Naomi habite en France. Elle téléphone à son amie, Simran à Delhi. Aux quelles problèmes peut-elle faire face ? Nommez-en deux.
(d) Comment est la vie des jeunes en France ?
(e) Comment pouvons-nous protéger notre planète ?
(f) Quels sports faites-vous pour rester en forme ? Nommez-en deux.

Réponse :
(a) Le 21 mai/c'est la journée internationale/mondiale de la diversité culturelle pour le dialogue e le développement.
(b) Oui, Internet est très important dans ma vie. Il me permet de travailler à distance, de rester en contact avec mes amis et de trouver rapidement des informations. C'est aussi une grande source de divertissement.
(c) Naomi pourrait rencontrer deux problèmes en appelant Simran à Delhi :
Une différence de fuseau horaire qui complique la planification des appels.
Des problèmes de connexion ou de qualité du réseau en raison de la distance.
(d) La vie des jeunes en France est dynamique. Ils ont accès à une éducation de qualité, à des activités culturelles et sportives, et sont souvent très connectés grâce aux réseaux sociaux. Ils sont également engagés dans des débats sur des questions sociales et environnementales.
(e) Nous pouvons protéger notre planète en réduisant notre consommation d'énergie, en utilisant des sources renouvelables, en recyclant, en limitant l'utilisation du plastique et en adoptant des habitudes de transport plus écologiques, comme le covoiturage ou le vélo.
(f) Pour rester en forme, je pratique le jogging et le cyclisme.

14. Reliez les colonnes A et B et récrivez : **½×6=3**

Colonne A	Colonne B

(a) respecter	(i) de l'argent
(b)ouvrir	(ii) la différence
(c)donner	(iii) le jardin
(d)gagner	(iv) un rhume
(e) arroser	(v) le site
(f)attraper	(vi) un coup de fil

Réponse :

(a) ii (b) v (c) vi (d) i (e) iii (f) iv

15. Complétez ces phrases avec la bonne réponse : **½×6=3**

(a) Il faut lutter contre les ______.

(b) Votre ______ ne marche pas. Vous avez un problème de connexion.

(c) En France, le ______ représente le pays tout entier.

(d) Bengaluru est la ville de la ______.

(e) Il faut réduire le ______ de la terre.

(f) On peut acheter les médicaments chez le ______.

Réponse :

(a) préjugés (b) wi-fi/téléphone/moderm/inernet/jeux vidéos/facebook/courriel (c) Président (d) technologie/information (e) réchauffement/gaspillage (f) médecin

16. Dites « Vrai » ou « Faux » : **1×4=4**

(a) Henri boit beaucoup d'eau en été. Il est sage. ______

(b) M. Gupta ne s'arrête jamais à feu rouge et il conduit très vite. Il est mauvais citoyen. ______

(c) Connaître une autre culture nous enrichit. ______

(d) Klaxonner devant l'hôpital est très bon pour les malades. ________

Réponse:

(a) vrai (b) vrai (c) vrai (d) faux

CBSE PREVIOUS YEAR QUESTION PAPER (2017-2018)

SUBJECT CODE: 018

SET- 4

Series :TYM

Cod

e No. 20

Roll No.

Candidates must write the Code on the title page of the answer-book.

Instructions:

- Veuillez vérifier que ce questionnaire contient 4 pages imprimées.
- Le numéro de code indiqué sur le côté droit du questionnaire doit être écrit sur la première page du carnet des réponses par le candidat.
- Veuillez vérifier que ce questionnaire contient 17 questions.
- **Veuillez écrire le Numéro de Série de la question avant d'écrire sa réponse.**
- 15 minutes sont allouées pour lire ce questionnaire. Le questionnaire sera distribué à 10h15. De 10h15 à 10h30 les candidats doivent seulement lire le questionnaire sans écrire aucune réponse pendant cette période.
- Please check that this question paper contains 7 printed pages.
- Code number given on the right-hand side of the question paper should be written on the title page of the answer-book by the candidate.
- Please check that this question paper contains 17 questions.
- **Please write down the Serial Number of the question before attempting it.**
- 15 minutes time has been allotted to read this question paper. The question paper will be distributed at 10.15 a.m. From 10.15 a.m. to 10.30 a.m., the students will read the question paper only and will not write any answer on the answer-book during this period.

SUMMATIVE ASSESSMENT – II
FRENCH

Time allotted: 3 hours **Maximum**
Marks: 80

SECTION – A
(Compréhension écrite)

I. Lisez bien le texte :

De Pékin à Londres, en passant par New Delhi ou Barcelone, de plus en plus de grandes villes dans le monde sont touchées par la pollution de l'air. Selon le rapport de l'Organisation mondiale de la santé (OMS) sur la qualité de l'air dans le monde, moins de 12% de la population mondiale respirerait un air sain. La pollution de l'air serait responsable de la mort de 3,3 millions de personnes chaque année. Dans des zones urbaines récemment industrialisées, comme à Pékin ou à New Delhi, la situation est particulièrement critique. Après les fêtes de Diwali du mois d'octobre 2016, le site américain CNN titrait : *"New Delhi est la ville la plus polluée sur terre aujourd hui."* De la même manière, en Chine, malgré les efforts récents du gouvernement central, 23 villes ont été placées en alerte rouge en décembre. À Londres, le taux* de particules fines a dépassé celui de Pékin en janvier 2017. Sur l'ensemble du Royaume-Uni, les problèmes de santé causés par la pollution coûteraient chaque année 15 milliards de livres au pays.

taux* : degree

(a) Répondez aux questions : **2**
(i) Selon le rapport de l'Organisation mondiale de la santé, de quoi est-ce que la pollution de l'air serait responsable ?
(ii) En janvier 2017 qu'est-ce qui s'est passé à Londres ?
(b) Trouvez les contraires du texte : **2**
(i) moins en moins
(ii) seul
(iii) solutions
(iv) rurales
(c) Trouvez dans le texte : **2**
(i) un gérondif
(ii) une fête
(iii) deux pays
(d) Cherchez dans le texte : **2**
(i) la forme nominale de "mourir" ,"situer"
(ii) la forme verbale de "respiration" ,"titre"
(e) Dites Vrai ou faux : **2**
(i) En Chine, 32 villes ont été placées en alerte rouge en décembre.
(ii) Selon le rapport de OMS sur la qualité de l'air dans le monde, moins de 12% de la population mondiale respirerait un air sain.
Réponse :
(a) (i) Selon le rapport de l'organisation mondiale de la santé, la pollution de l'air serait responsable de la mort de 3,3 millions de personnes chaque année.
(ii) À Londres, le taux de particules fines a dépassé celui de Pékin en janvier 2017.
(b) i. plus en plus ii. Ensemble, monde, millions de personnes iii. problèmes iv. Urbaines, ville(s), industrialisées
(c) i. en passant/passant ii. Diwali iii. Chine, Royaume-Uni
(d) i. mourir - (la) mort, situer - (la) situation ii. respiration - respire, respirerait, titre – titrer, titrait
(e) i. faux ii. vrai

SECTION – B
(Expression Écrite)

II. Écrivez une lettre d'environ 80 mots :
(a) À vos grands-parents, leur décrivant le système d'éducation en France.
OU
(b) à votre cousin/cousine pour lui dire ce qu'il/elle peut faire pour protéger l'environnement.
Réponse :
(a) Chers grands-parents,

Je veux vous parler du système d'éducation en France. Les enfants commencent l'école maternelle dès l'âge de 3 ans. Ensuite, ils passent à l'école primaire, qui dure cinq ans. Puis, ils entrent au collège pour quatre ans, suivi du lycée, qui dure trois ans. À la fin du lycée, les élèves passent le baccalauréat, un examen important pour accéder à l'université ou à des formations professionnelles. L'éducation est gratuite et obligatoire jusqu'à 16 ans, ce qui permet à tous les enfants d'apprendre.

Avec toute mon affection,
[Votre nom]
(b) Cher/Chère [nom du cousin/cousine],

Pour protéger l'environnement, tu peux faire plusieurs choses. D'abord, essaie de réduire ta consommation de plastique en utilisant des sacs réutilisables et des bouteilles en verre. Ensuite, pense à trier tes déchets pour le recyclage. Tu peux aussi économiser de l'énergie en éteignant les lumières et en utilisant des transports en commun ou en vélo. Chaque petit geste compte pour préserver notre planète !

À bientôt,
[Votre nom]

III. Faites deux des questions suivantes : **5*2 = 10**

(a) Mettez en ordre le dialogue suivant et récrivez : **5**

Le marchand : Regardez aussi des tomates, elles sont belles !
La cliente : Oui. Merci !
Le marchand : Alors, un kilo de pommes de terre et un kilo de tomates … ça ira ?
La cliente : Je voudrais des pommes de terre. Un kilo s'il vous plaît.
Le marchand : Bonjour, qu'est-ce qu'il vous faudra ?
La cliente : Oui... elles sont bonnes… donnez-moi un kilo.

Réponse :

Le marchand : Bonjour, qu'est-ce qu'il vous faudra ?
La cliente : Je voudrais des pommes de terre. Un kilo s'il vous plaît.
Le marchand : Regardez aussi des tomates, elles sont belles !
La cliente : Oui... elles sont bonnes… donnez-moi un kilo.
Le marchand : Alors, un kilo de pommes de terre et un kilo de tomates … ça ira ?
La cliente : Oui. Merci !

(b) Votre ami vous a demandé de l'accompagner au cinéma. Mais vous ne pouvez pasle faire. Ècrivez un message de refus et donnez une raison pour expliquer votre absence. (30 – 35 mots) 5

Réponse :

Salut ! Merci pour l'invitation au cinéma, mais je ne pourrai pas venir cette fois-ci. J'ai déjà un rendez-vous important ce soir. J'espère que tu passeras un bon moment.
À bientôt !

(c) Complétez le texte suivant avec les mots donnés ci-dessous : 5

(y/lesquels/décorations/plus / guirlandes / visiteurs / marché / chaque / verre / place)

Le ____ de Noël de Strasbourg a lieu ______ année sur la ______ de la cathédrale et est très apprécié pour son animation et ses illuminations. Lorsque la ville s'illumine … le marché est le______ agréable. Les ____ se promènent dans les allées … On
____'trouve de petits kiosques dans______ on vend des ____ de Noël : des ____, des boules de Noël en ______, des étoiles …

Réponse :

Le **marché** de Noël de Strasbourg a lieu **chaque** année sur la **place** de la cathédrale et est très apprécié pour son animation et ses illuminations. Lorsque la ville s'illumine … le marché est le **plus** agréable. Les **visiteurs** se promènent dans les allées … On
y'trouve de petits kiosques dans **lesquels** on vend des **décorations/ guirlandes** de Noël : des **guirlandes/ décorations**, des boules de Noël en **verre**, des étoiles …

SECTION – C
(Grammaire)

IV. Mettez les verbes aux temps convenables **:** **3**

(a) Est-ce que vous ____ en Italie l'année prochaine ? (seriez allé/irez / êtes allés)
(b) Lorsque mes amies s'étaient habillées, elles ____ (partiront/étaient parties / sont parties)
(c) Hier, nous / nous sommes promenés) ____, soudain il a commencé à pleuvoir.
(d) Sylvie fera ses devoirs aussitôt qu'elle ____ la leçon. (lira / aurait lu / aura lu)
(e) ____ du courage, mes enfants ! (Ayez / Aie / Avez)
(f) Si tu aimais la musique, tu ____ de la guitare. (fais / ferais / as fait)

Réponse :

(a) irez (b) sont parties (c) nous sommes promenés (d) aura lu/lira (e) Ayez (f) ferais

V. Mettez les phrases suivantes au discours direct ou indirect selon le cas : **3**

(a) Le professeur dit aux élèves de faire les exercices dans leurs cahiers.

(b) La mère demande à la petite « Que veux-tu pour ton anniversaire ? »
(c) L'employé demande au voyageur, "Avez-vous votre passeport ?"
Réponse :
(a) Le professeur dit aux élèves : « Faites les exercices dans leurs cahiers ! »
(b) La mère demande à la petite ce qu'elle veut pour son anniversaire.
(c) L'employé demande au voyageur s'il a son passeport.

VI. Mettez au négatif : **3**
(a) Marie a mangé du riz et du poisson.
(b) Elle travaille toujours chez IBM.
(c) J'ai vu quelque chose dans ton sac.
Réponse :
(a) Marie n'a mangé ni riz ni poisson. / Marie n'a mangé ni de riz ni de poissons. / Marie n'a pas mangé de riz et de poisson.
(b) Elle ne travaille plus/jamais/ pas toujours chez IBM. (c) Je n'ai rien vu dans ton sac.

VII. Trouvez la question : **3**
(a) Les enfants adorent les chocolats.
(b) Il ira à Bengaluru en train.
(c) Je ne viens pas chez vous parce que je suis malade.
Réponse :
(a) Qu'est-ce qu'ils adorent ? / Que les enfants,adorent-ils ?
(b) Comment il ira à Bengaluru ?
(c) Pourquoi/Pour quelle raison est-ce que tu ne viens pas/ne viens-tu pas/tu ne viens pas chez moi/nous ?

VIII. Reliez avec les pronoms relatifs composés : **3**
(a) Le quartier est très beau. Nous habitons dans ce quartier.
(b) Ce sont mes amis. J'ai téléphoné à ces amis hier soir.
(c) J'adore cette église. Il y a un beau jardin devant cette église.
Réponse :
(a) Le quartier est très beau dans lequel nous habitons.
(b) Ce sont mes amis auxquels/ à qui j'ai téléphoné hier soir.
(c) J'adore cette église devant laquelle il y a un beau jardin.

IX. Conjuguez le verbe au subjonctif : **3**
(a) Tes parents sont contents que tu ______ (avoir) de bonnes notes aux examens.
(b) Mon frère est fâché que j'______ (apprendre) ses secrets.
(c) Il faut que nous _______ (se coucher) tôt ce soir.
Réponse :
(a) aies (b) apprenne (c) nous nous couchions

X. Complétez avec les adjectifs ou les pronoms démonstratifs : **3**
(a) Achète______ robe-ci, pas ______.
(b) Tu connais le frère de Paul ? – Non, je connais ______ de Marc.
(c) Je préfère ______ romans-ci. ______ ne sont pas aussi intéressants.
(d) Regarde ______ oiseau ! Il est mignon !
Réponse :
(a) Achète cette robe-ci, pas celle(s)-là.
(b) Tu connais le frère de Paul ? – Non, je connais celui/ceux de Marc.
(c) Je préfère ces romans-ci. Ceux-ci/là/Ce ne sont pas aussi intéressants.

(d) Regarde cet oiseau ! Il est mignon !

XI. Complétez avec les adjectifs ou les pronoms possessifs : **3**

(notre / mon / ses / la tienne / aux vôtres / la leur)

(a) Sophie parle à ______ parents. Parlez-vous ______ ?

(b) ______ grand-mère nous raconte des histoires. Et ______ ?

(c) Je vais chez ______ amie, mais ils ne vont pas chez ______.

Réponse :

(a) aux vôtres (b) Notre, la leur/la tienne (c) mon/notre, la leur/ la tienne

XII. Remplacez les noms soulignés par : **3**

(en / les / y / leur)

(a) Va à l'école !

(b) Elle a acheté les stylos à la papeterie.

(c) Nous allons écrire des lettres aux parents.

Réponse :

(a) Vas-y ! (b) Elle les a achetés. (c) Nous allons en écrire.

XIII. Complétez avec les prépositions : **3**

(avec / à / pour / au bord de / par / depuis)

(a) Nous envoyons le paquet ______ avion.

(b) ______ faire une omelette, il nous faut des œufs.

(c) Hélène fait une promenade ______ la mer.

(d) As-tu commencé ______ lire la leçon ?

(e) Paul va au marché ses amis.______

(f) Ma sœur est malade ______ hier.

Réponse :

(a) par (b) Pour (c) au bord de (d) à/par (e) avec/pour (f) depuis

SECTION – D
(Culture et Civilisation)

XIV. Répondez aux questions : (5 au choix) **10**

(a) Quel est le travail d'une secrétaire ?

(b) Que savez-vous de Port Blair ?

(c) À quels problèmes peut-on faire face quand on vérifie les mèls ?

(d) Qu'est-ce que c'est la sécurité sociale ?

(e) De quoi se compose le parlement français ? Comment s'appellent les membres des deux maisons ?

(f) Que faites-vous pour être en pleine forme ?

Réponse :

(a) Le travail d'une secrétaire consiste à gérer les tâches administratives d'un bureau. Cela inclut la prise de rendez-vous, la gestion des appels téléphoniques, la rédaction de documents, l'organisation de réunions et la tenue à jour des dossiers.

(b) Port Blair est la capitale des îles Andaman et Nicobar en Inde. C'est un important port et un centre touristique connu pour ses plages, sa biodiversité, et son histoire, notamment en tant qu'ancienne base britannique. Les visiteurs peuvent explorer des sites historiques comme la prison de Cellular Jail et profiter des activités nautiques.

(c) En vérifiant les e-mails, on peut faire face à plusieurs problèmes, comme le risque de spam ou de phishing, qui peuvent compromettre la sécurité des données. De plus, une surcharge d'e-mails peut rendre difficile la gestion des priorités et le repérage des messages importants.

(d) La sécurité sociale est un système de protection sociale qui fournit une assistance financière et des services de santé aux citoyens. En France, elle couvre divers aspects comme la maladie, la maternité, les accidents du travail, le chômage et les retraites, assurant ainsi un minimum de sécurité économique.
(e) Le Parlement français est composé de deux chambres : l'Assemblée nationale et le Sénat. Les membres de l'Assemblée nationale sont appelés députés, tandis que ceux du Sénat sont appelés sénateurs. Ensemble, ils sont responsables de l'élaboration des lois et du contrôle du gouvernement.
(f) Pour être en pleine forme, je fais de l'exercice régulièrement, comme de la course à pied et du yoga. Je fais également attention à mon alimentation en mangeant équilibré et en buvant suffisamment d'eau.

XV. Choisissez la bonne réponse : **3**

(R.K. Narayan / Paroles / Europe 1 / L' Éditorial / Zapper / Corse)
(a) ______, c'est passer d'une chaîne de télévision à l'autre.
(b) ______ est une chaîne de radio en France.
(c) Les Aiguilles de Bavella se trouvent en ______.
(d) ______ a écrit « Malgudi Days ».
(e) ______ est une rubrique d'un journal.
(f) Jacques Prévert a écrit ______.

Réponse :

(a) Zapper (b) Europe 1 (c) Corse (d) R.K. Narayan (e) L' Éditorial (f) Paroles

XVI. Reliez et récrivez : **3**

(a) Baccalauréat	(i) Journée Mondiale de la Diversité Culturelle
(b) Carte de lecteur	(ii) Bengaluru
(c) ARTE	(iii) Lycée
(d) Ville de la technologie de l'information	(iv) Chef des armées
(e) Président	(v) Bibliothèque
(f) UNESCO	(vi) Reportage culturel

Réponse :

(a).iii (b).v (c).vi (d).ii (e).iv (f). i

XVII. Dites vrai ou faux : **4**

(a) Les jeunes doivent gaspiller leur temps en surfant des sites web. _______
(b) Il faut faire des efforts pour connaître les différentes cultures du monde. _______
(c) Il faut rester silencieux dans la bibliothèque. _______
(d) Il ne faut pas faire des efforts pour préserver les ressources naturelles. _______

Réponse :

(a) faux (b) vrai (c) vrai (d) faux

CBSE PREVIOUS YEAR QUESTION PAPER (2018-19)

SUBJECT CODE: 018

SET-4

Code No. 20

Roll No.

Candidates must write the Code on the title page of the answer-book.

Instructions:

- Please check that this question paper contains 4 printed pages.
- Q.P. Code given on the right-hand side of the question paper should be written on the title page of the answer-book by the candidate.
- Please check that this question paper contains 18 questions.
- Please write down the serial number of the question in the answer-book before attempting it.
- 15 minutes time has been allotted to read this question paper. The question paper will be distributed at 10.15 a.m. From 10.15 a.m. to 10.30 a.m., the students will read the question paper only and will not write any answer on the answer-book during this period.

SUMMATIVE ASSESSMENT – II

FRENCH

Time allotted: 2 hours **Maximum Marks: 80**

SECTION – A

(Compréhension écrite)

1. Lisez bien le texte :

Stanley Lieber, plus connu comme Stan Lee, est le créateur de beaucoup de super-héros connus. Il a débuté sa carrière de dessinateur dans les années 1940, alors qu'il n'avait pas encore 20 ans. Il à dessiné pour ''Timely'' en 1941. Cette société américaine éditait plusieurs comics [bande-dessinée qui met en scène des super-héros], dont Captain America. Il est devenu très vite scénariste [il écrit les histoires]. ''Timely'' a changé ensuite le nom pour devenir ''Marvel''. C'est à ce moment-là, au début des années 1960, que Stan Lee a crée la plupart des super-héros connus. Hulk, Thor, X-Men, Iron-Man et Spider-Man en font partie. Dans les années 1980, il a commencé une carrière à la télévision et au cinéma. Il a adapté sur écran les super-héros qu'il a crées. C'est en 1989 qu'il a apparu pour la première fois dans un film. Stan Lee a eu le temps de tourner quelques films avant de s'éteindre. Il devrait notamment apparaître dans ''Avengers 4'' en 2019. Il nous a quitté lundi 12 novembre 2018 à l'âge de 95 ans.

(a) Répondez : **2**

(i) Nommez quelques super-héros que Stanley Lieber a crée ?

(ii) Qu'est-ce qu'il avait fait quand il était très jeune

(b) Trouvez les contraires du texte:

(i) inconnu

(ii) lentement

(iii) dernière

(iv) déjà

(c) Trouvez dans le texte: **2**

(i) la forme verbale de « commencement » ________ .

(ii) la forme verbale de « edition » ________ .

(iii) la forme nominale de « dessiner » ________ .

(iv) la forme nominale de « nommer » ________ .

(d) Écrivez ''vrai'' ou ''faux'' : **2**

(i) « Timely » était une société américaine.

(ii) « Captain America » était scénariste.

(iii) « Marvel » était le nouveau nom de « Timely ».

(iv) Stan Lee a apparu pour la première fois dans « Avengers 4 ».

(e) Trouvez dans le texte : **2**

(i) un mot pour « renommer » :

(ii) une expression pour « au commencement » :
Réponse :
1.a.(i) Stanley Lieber a créé quelques super-héros comme Hulk, Thor, Iron-Man, Spiderman et Captain America.
(ii) Il a débuté sa carrière de dessinateur dans les années 1940, alors qu'il n'avait pas encore 20 ans. Il a dessiné pour « Timely » en 1941.
b. i. connu ii. vite iii. première iv. pas encore
c. i. commencé (commencer). ii. éditait (éditer). iii. le dessinateur. iv. le nom.
d. i. vrai ii. faux iii. vrai iv. faux
e. i. changer le nom. ii. au début.

SECTION B 20 marks
(EXPRESSION ÉCRITE)

2. Écrivez une lettre d'environ 80 mots : **10**
(a) Votre ami/amie est malade. Dites-lui ce qu'il/elle doit faire pour être en forme.
OU
(b) Jean-Pierre vous parle du système politique de la France dans sa lettre. Rédigez la lettre qu'il vous écrit.
Réponse :
Cher John, Paris, le 14 décembre 2021
Salut ! Ta mère m'a dit que tu étais malade depuis une semaine. Comment vas-tu maintenant ?

Es-tu allé chez le médecin ? C'est peut-être à cause de la saison. C'est saison est très mauvaise car la température change très vite et notre corps ne peut pas s'adapter. Tu dois prendre tes médicaments régulièrement. Prendre beaucoup de liquides comme de l'eau et du potage. Il faut aussi manger des fruits et des légumes. Repose-toi et dors bien. N'oublie pas de faire du yoga et de la méditation. Je suis sûr que ce n'est pas grave. Tu seras guéri dans quelques jours. Ne t'inquiète pas pour tes études. Tes camarades et tes professeurs vont sûrement t'aider. Tu es une élève brillante et tu pourras reprendre tes études facilement. Sois calme et prends soin de toi. Je viendrai te voir le weekend prochain. Rétablis-toi vite.

Ton ami,
Paul

OU
Cher Marc Paris, le 27 décembre 2021
Salut ! Comment vas-tu ? Ici, tout va bien. Nous venons d'avoir les élections présidentielles en France. Je vais t'en parler.

Le parlement français se compose de deux maisons : le Sénat et l'Assemblée Nationale. Le siège de l'Assemblée Nationale et le Palais Bourbon et ses membres sont Les Députés. Le Palais du Luxembourg est le siège du Sénat et ses membres sont les Sénateurs. Les citoyens élisent les membres et après les élections le chef de la partie politique qui gagne la majorité devient le Président pour cinq ans. Puis, le Président nomme le Premier Ministre et les autres ministres et ils forment le gouvernement.
En France, c'est le Président qui a beaucoup de pouvoir. M. Emmanuel Macron est le Président et le Premier Ministre est Élisabeth Borne. Écrivez-moi sur le système politique en Inde. J'attends ta réponse.

Ton Ami,
Micheal

3. Faites deux des questions suivantes : **5×2=10**

(a) Mettez en ordre le dialogue suivant et récrivez : **5**

Patrick : Moi, je viens à pied ou à vélo. Ça dépend des jours. Le cinéma est près de chez moi. Caroline : C'est vrai ? Tu habites où ? Patrick : Tu viens en train ou en bus ? Caroline : À ce soir Patrick ! Caroline : Pas exactement ! Mais en métro, c'est à 10 minutes d'ici. Patrick : Bonjour ! alors on se rencontre au cinéma à 5h ? Caroline : Oui, j'y serai à l'heure. Patrick : Je dois me dépêcher. J'ai du travail à terminer . . . À ce soir ! Caroline : En général, je prends le métro. Et toi ? Patrick : Dans le quinzième arrondissement. Ma maison est à 20 minutes à pied. Et toi ? Tu habites loin ?

OU

(b) Complétez le texte en utilisant les mots / les expressions donnés : **5**

(apparaît / rôle / actrice / plus / énorme / née / obtient / téléfilms / joue / film)

Audrey Tautou est _______ le 9 août 1978 à Beaumont en Auvergne. Elle commence sa carrière d'actrice dans des _______ et ses courts métrages, puis elle _________ dans des films; en 2000; elle _________ le César du meilleur espoir féminin pour son _________ dans le _________ « Venus Beauté ». 20 4 Mais c'est surtout grâce à l'_________ succès du film « Le Fabuleux Destin d'Amélie Poulin », où elle _________ le rôle principal, qu'elle devient une _________ connue de tous les français et l'une des _________ appréciées.

OU

(c) Écrivez un message à votre ami/e pour lui dire de venir chez vous pour vous aider à organiser la soirée d'anniversaire de votre frère cadet.

Réponse :

3. a.

Patrick : Bonjour ! Alors on se rencontre au cinéma à 5h ?

Caroline : Oui, j'y serai à l'heure.

Patrick : Tu viens en train ou en bus ?

Caroline : En général, je prends le métro. Et toi ?

Patrick : Moi, je viens à pied ou à vélo. Ça dépend des jours. Le cinéma est près de chez moi.

Caroline : C'est vrai ? Tu habites où ?

Patrick : Dans le quinzième arrondissement. Ma maison est à 20 minutes à pied. Et toi ? Tu habites loin ?

Caroline : Pas exactement ! Mais en métro, c'est à 10 minutes d'ici.

Patrick : Je dois me dépêcher. J'ai du travail à terminer . . . À ce soir !

Caroline : À ce soir Patrick !

b. (i) née (ii) téléfilms (iii) apparaît (iv) obtient (v) rôle (vi) film

c. Cher Paul, le 24 janvier,2022

Comme tu sais, on va organiser la fête d'anniversaire de mon frère, Samuel demain soir. J'ai besoin de ton aide pour décorer la maison et ranger les choses. Si possible, viens vers midi avec ton frère.

Marc.

SECTION C (GRAMMAIRE) — 30 marks

4. Complétez avec des prépositions : **3**

(avec / par / avant / à / pour / en face de)

(a) Tu n'écouteras pas de musique _____ de finir ton travail.

(b) Va jouer _____ tes amis !

(c) Je n'aime pas la maison _____ la nôtre.

(d) Êtes-vous passé ___ ces routes ___ arriver à ce village ?

(e) C'est le mois d'avril et il a commencé _____ faire très chaud

Réponse :

(a) Tu n'écouteras pas de musique avant de finir ton travail.

(b) Va jouer avec tes amis !

(c) Je n'aime pas la maison en face de la nôtre.
(d) Êtes-vous passé par ces routes pour arriver à ce village ?
(e) C'est le mois d'avril et il a commencé à faire très chaud.

5. Mettez les verbes aux temps convenables : **3**
(a) Demain, vous _________ vos amis chez Paul pour regarder un film. (avez emmené / emmènerez / emmeniez)
(b) Hier, il _________ quand je suis sorti faire une promenade. (pleut / pleuvra / pleuvait)
(c) Montre-moi la lettre que ton ami _________ hier. (envoie / enverra / a envoyée)
(d) _________ à l'heure mes enfants ! Le match commence à 6 h. (Etes / Soyez / Serez)
(e) Dans quelques mois, nous _________ un nouvel appartement à Mumbai. (avons acheté / achèteront / achèterons)
(f) Si tu veux, nous _________ t'aider. (pourrons / puissions / avons pu)
Réponse :
4. a. emmènerez b. pleuvait c. a envoyée d. soyez e. achèterons f. pourrons

6. Remplacez les noms soulignés par : **3**
(en / nous / y / lui / les / leur)
(a) Mon père il n'aime pas sortir sans moi et ma mère.
(b) Il a mis les photos dans le tiroir.
(c) Ma sœur n'aime pas manger de bonbons.
(d) Tu as montré tes achats à tes parents.
Réponse :
(a) Mon père il n'aime pas sortir sans nous. (b) Il les y a mises. (c) Ma sœur n'aime pas en manger. (d) Tu leur as montré tes achats.

7. Complétez avec les adjectifs ou les pronoms démonstratifs : **3**
(a) ___ peintures sont plus belles que ___. (b) Regarde ____ arbre sans fruits. Mais ___ qui est devant nous en a beaucoup. (c) Quels romans veux-tu emprunter ? ___ ou ___.
Réponse :
a. ces, celles- là
b. cet, celui
c. ceux-ci, ceux-là

8. Mettez au discours direct ou rapporté selon le cas : **3**
(a) Paul me dit de venir chez lui pour l'aider.
(b) Elle me demande ce que je fais ce week-end avec mes parents.
(c) Mes parents me demandent : « À quelle heure vas-tu aller à la piscine ? »
Réponse :
(a) Paul me dit « Venez chez moi pour m'aider. »
(b) Elle me demande « Que fais-tu ce week-end avec tes parents ? »
(c) Mes parents me demandent à quelle heure je vais aller à la piscine.

9. Mettez au négatif : **3**
(a) Vous êtes déjà allé en France.
(b) Vous avez rencontré quelqu'un dans le centre commercial.
(c) Quelque chose est tombé de mon sac.
Réponse :
(a) Vous n'êtes pas déjà allé en France.
(b) Vous n'avez rencontré personne dans le centre commercial.
(c) Rien n'est tombé de mon sac.

10. Mettez au subjonctif : **3**
(a) Il faut que vous _________ (apprendre) les conjugaisons chaque soir.
(b) J'aimerais que tu _________ (avoir) du courage pour confronter les obstacles dans la vie.
(c) Mes parents veulent que nous _________ (rire) beaucoup. C'est bon pour la santé.
Réponse :
(a) appreniez (b) aies (c) rions

11. Reliez en utilisant les pronoms relatifs composés : **3**
(a) Posez-leur cette question ! Vous voulez une réponse à cette question.
(b) Rencontrer maintenant vos amis ! Vous n'avez pas pu aller chez vos amis.
(c) Ma mère est très gentille. J'achète toujours des fleurs pour elle.
Réponse :
(a) Posez-leur cette question à laquelle vous voulez une réponse.
(b) Rencontrez maintenant vos amis chez qui vous n'avez pas pu aller.
(c) Ma mère pour qui j'achète toujours des fleurs, est très gentille.

12. Trouvez la question : **3**
(a) J'ai besoin des stylos.
(b) Ces hommes parlent sans cesse.
(c) Il fera beau demain.
Réponse :
(a) De quels stylos avez-vous besoin ?
(b) Que font ces hommes ?
(c) Quel temps fera-t-il demain ?

13. Complétez avec les adjectifs ou les pronoms possessifs : **3**
(nos / leurs / mes / les nôtres / les leurs / les tiens)
(a) J'ai fait __________ devoirs. Et toi, as-tu fait __________ ?
(b) Les enfants ont rencontré __________ amies. Nous avons rencontré __________ .
(c) __________ étudiants sont ponctuels. Mais, __________ sont toujours en retard. Donc, ils sont mécontents.
Réponse :
(a) J'ai fait mes devoirs. Et toi, as-tu fait les tiens ?
(b) Les enfants ont rencontré leurs amies. Nous avons rencontré les nôtres.
(c) Nos étudiants sont ponctuels. Mais, les leurs sont toujours en retard. Donc, ils sont mécontents.

SECTION D **20 marks**
(CULTURE ET CIVILISATION)

14. Répondez aux questions suivantes : (cinq au choix) **10**
(a) Quels sont les différents niveaux du système d'éducation en France ?
(b) Où se trouve la grande pyramide dans le Louvre ? Qui a construit la pyramide ?
(c) Connaissez-vous les responsabilités du Président français ? Citez-en deux.
(d) Quelle est l'importance du 21 mai ? Citez un objectif de cett journée.
(e) Qu'est-ce que c'est que la Sécurité Sociale ?
(f) Que doit-on faire pour conserver l'environnement ?
Réponse :
(a) Le système d'éducation en France est structuré en plusieurs niveaux :

- L'école maternelle (de 3 à 6 ans)

- L'école élémentaire (de 6 à 11 ans)
- Le collège (de 11 à 15 ans)
- Le lycée (de 15 à 18 ans)
- L'enseignement supérieur (universités et grandes écoles)

(b) La grande pyramide du Louvre se trouve à l'entrée principale du musée, dans la cour Napoléon. Elle a été construite par l'architecte I. M. Pei et a été inaugurée en 1989.

(c) Le Président français a plusieurs responsabilités, dont :

- Garantir le respect de la Constitution et des institutions de la République.
- Diriger la politique étrangère de la France et représenter le pays sur la scène international

(d) Le 21 mai est célébré comme la Journée mondiale de la diversité culturelle. Un des objectifs de cette journée est de promouvoir la diversité culturelle et d'encourager le respect et la compréhension entre les différentes cultures à travers le monde.

(e) La Sécurité Sociale en France est un système de protection sociale qui garantit un accès aux soins de santé, indemnités de maternité, pensions de retraite et allocations pour les personnes en difficulté. Elle est financée par des cotisations sociales et vise à protéger les citoyens contre les risques liés à la santé, la vieillesse, et le chômage.

(f) Pour conserver l'environnement, il est important de :

- Réduire la consommation d'énergie en utilisant des sources d'énergie renouvelables.
- Recyclage des déchets pour minimiser la pollution et préserver les ressources naturelles.
- Promouvoir la biodiversité en protégeant les habitats naturels et en soutenant les initiatives de conservation.

15. Reliez et récrivez : **3**

(a) Baccalauréat	(i) pôle-emploi.fr
(b) Quittance de loyer	(ii) Bengaluru
(c) Bavella	(iii) Lycée
(d) Ville de la technologie	(iv) Collines en Corse de l'information
(e) Fast-food	(v) Bibliothèque
(f) Chercher un emploi	(vi) Les chips

Réponse :

(a)-(iii), (b)-(v), (c)-(iv), (d)-(ii), (e)-(vi), (f)-(i)

16. Choisissez la bonne réponse : **3**

(Palais Bourbon / crudités / fait olivers / connexion / Antoine de SaintExupéry / zapper)

(a) Il faut avoir une bonne __________ pour le Wi-fi.

(b) « __________ » veut dire passer d'une chaîne à l'autre.

(c) Le Petit Prince est un roman d'__________ .

(d) « __________ » est une rubrique d'un journal.

(e) Le __________ est le siège de l'Assemblée Nationale.

(f) Pour être en bonne forme, il faut manger de s __________ .

Réponse :

(a) Il faut avoir une bonne connexion pour le Wi-fi.

(b) « Zapper » veut dire passer d'une chaîne à l'autre.

(c) Le Petit Prince est un roman d'Antoine de Saint-Exupéry.

(d) « Palais Bourbon » est une rubrique d'un journal.

(e) Le Palais Bourbon est le siège de l'Assemblée Nationale.

(f) Pour être en bonne forme, il faut manger de s crudités.

17. Dites « Vrai » ou « Faux » : **2**

(a) La diversité culturelle est un droit humain fondamental.

(b) Pour conserver de l'eau, on doit arroser les plantes le soir.
(c) Les médias jouent un rôle important dans la formation de l'opinion publique.
(d) Après avoir tapé le mot de passe, il n'est pas nécessaire de valider.

Réponse :

(a) Vrai
(b) Vrai
(c) Vrai
(d) Faux

18. Chassez l'intrus : **2**

(a) public / brevet / gratuit / obligatoire.
(b) cuisine / ménage / lessive / promenade.
(c) TF 1 / France 2 / Canal+ / Europe.
(d) Assemblée Nationale / citoyens / Sénat / Parlem

Réponse :

(a) brevet
(b) promenade
(c) Europe
(d) citoyens

CBSE PREVIOUS YEAR QUESTION PAPER (2019-20)
SUBJECT CODE: 018

SE T-4

Code

No.20

Roll No.

Candidates must write the Code on the title page of the answer-book.

Instructions:
- Please check that this question paper contains 4 printed pages.
- Q.P. Code given on the right-hand side of the question paper should be written on the title page of the answer-book by the candidate.
- Please check that this question paper contains 16 questions.
- Please write down the serial number of the question in the answer-book before attempting it.
- 15 minutes time has been allotted to read this question paper. The question paper will be distributed at 10.15 a.m. From 10.15 a.m. to 10.30 a.m., the students will read the question paper only and will not write any answer on the answer-book during this period.

FRENCH

Time allotted: 2 hours **Maximum Marks: 80**

SECTION A [10 MARKS] (COMPRÉHENSION ÉCRITE)

1. Regardez l'image, et lisez le texte pour répondre aux questions. (5 au choix) **10**

Armoiries

Drapeau de Québec

Administration

Pays	Canada
Province	Québec (Capitale)
Région	Capitale-Nationale
Subdivision régionale	Agglomération de Québec
Statut municipal	Ville et territoire équivalent Capitale
Arrondissements	La Cité-Limoilou Les Rivières Sainte-Foy–Sillery–Cap-Rouge Charlesbourg Beauport La Haute-Saint-Charles
Maire **Mandat**	Régis Labeaume [1] 2017 - 2021
Fondateur **Date de fondation**	Samuel de Champlain 3 juillet 1608
Constitution	1er janvier 2002

Le Québec est situé au nord-est du continent américain. C'est la plus grande province du Canada. Voisin des États-Unis au sud et de l'Ontario à l'ouest, la grande majorité de la population vit aux abords du fleuve Saint-Laurent. Le Saint-Laurent est l'un des grands fleuves du globe. Les Québécois sont, en général, fiers d'être francophones, même s'ils sont minoritaires dans un Canada anglophone.

Le français est la langue officielle du Québec, mais c'est une province qui est bilingue : l'anglais y coexiste avec le français.

Montréal est la plus importante région touristique du Québec, ayant reçu 8,4 millions de touristes en 2013. La ville de Québec est la seule ville fortifiée en Amérique du Nord. Elle est la capitale. Étant la plus vieille ville francophone d'Amérique, l'arrondissement historique du Vieux-Québec a d'ailleurs été déclaré site du patrimoine mondial par l'Unesco en 1985.

Répondez (5 au choix) :

I. (a) Le Québec est situé :

(i) en Europe

(ii) aux États-Unis

(iii) en Amérique du Nord.

2. (b) Au Québec :

(i) on parle anglais et français.

(ii) on parle seulement en français.

(iii) on parle seulement en anglais.

II. Regardez l'image et nommez deux arrondissements du Québec.

III. Pourquoi la ville de Québec a été déclarée site du patrimoine mondial par l'Unesco ?

IV. Selon l'image, qui est le maire du Québec ? Pour combien de temps est le mandat du maire québécois ?

V. Qu'est-ce que c'est que le Saint-Laurent ?

VI. Trouvez le synonyme des mots dans le texte :

(a) habite (b) ancienne

VII. Dites vrai ou faux. Justifiez votre réponse :

La situation Vrai/Faux Justification

a. Le Québec est une petite province du Canada.

b. Les Québécois aiment parler en français.

Réponse :

1. I. a. (iii) en Amérique du Nord.
b. (i) on parle anglais et français.
II. Charlesbourg et Beauport
III. Étant la plus vieille francophone d'Amérique, l'arrondissement historique du Vieux-Québec a d'ailleurs été déclaré site du patrimoine mondial par l'Unesco en 1985.
IV. Régis Labeaume est le maire du Québec. Le mandat du maire québécois est de 2017 - 2021/ 4 / 5 ans.
V. Le Saint- Laurent est l'un des grands fleuves du globe.
VI. a. vit b. vieille
VII. a. Faux. C'est la plus grande province du Canada. b. Vrai. Les Québécois sont fiers d'être francophones. / Le français est la langue officielle du Québec

SECTION B [20 MARKS]
(EXPRESSION ÉCRITE)

2. Écrivez une lettre à votre ami(e) décrivant votre nouveau boulot (80 mots): **10**

OU

Écrivez une lettre à votre frère sur le système d'éducation en France.

Réponse :

Cher Michael, Mumbai, le 1 avril 2022

Comment vas-tu ? Voilà une grande nouvelle ! Vous serez ravie de savoir que je viens de trouver un bon travail très intéressant chez Accenture comme secrétaire.

C'est une grande entreprise avec beaucoup d'employés. Je n'habite pas trop loin de l'entreprise. Ce travail est intellectuel et manuel. Les horaires sont flexibles. Mes collègues sont sympas et l'ambiance de l'entreprise est très bonne. J'arrive au bureau à neuf heures. D'abord, je range les dossiers. Puis, je tape les lettres et en même temps, je m'occupe du téléphone. Je reçois des ordres de mon patron de temps en temps. Je déjeune dans la cantine où on sert de bons plats. Après le déjeuner à 1 h 30, je reprends mon travail. Je photocopie des documents, envoie des faxes, des e-mails et des courriers. J'assiste aux réunions et rédige les procès-verbaux. Avant de partir, je fais un compte rendu des activités de la journée. Je quitte le bureau à six heures. Mon travail consiste en persévérance et en patience. Je dois travailler dur.

Donc, vous voyez, une secrétaire a beaucoup de travail à faire. Mais le weekend, je suis libre. Je fais une longue promenade dans la ville qui est pleine de charme. J'aime bien la ville et mon boulot. As-tu encore cherché un travail ? Quels sont tes rêves ? J'attends ta réponse.

Ton ami,
David

OU

Cher Paul, Paris, le 21 décembre 2021

Comment ça va ? Ici il fait beau. Je vais bien et les cours ont commencé. Mes professeurs sont sympas. L'enseignement en France est un peu différent qu'en Inde. Je vais t'expliquer l'enseignement français dans cette lettre.

Le système éducatif en France est organisé en trois catégories : école, collège et lycée. L'enseignement est public, gratuit et obligatoire jusqu'à 16 ans. D'abord, un enfant entre l'école maternelle à l'âge de 2 ans et on y fait 4 ans. Puis l'école primaire accueille les enfants de 6 à 11 ans. On entre au collège à l'âge de 11 ans. Ici, on étudie diverses disciplines comme l'histoire, la géographie, les mathématiques. On obtient le diplôme du brevet en fin de collège. Puis, on entre au lycée général ou professionnel (16 – 18 ans).

A la fin du lycée, on obtient le diplôme de baccalauréat et on entre à l'Université. Ici, on peut faire des études supérieures. Pour moi, étudier à l'université est difficile, mais je fonctionne bien.

Je pense que tu devrais aussi continuer tes études à Paris après ton bac.

Ton frère,
George

3. Faites deux des questions suivantes : **5×2=10**
(a) Vous allez fêter le 50e anniversaire de vos grands-parents et vous voulez inviter votre oncle et sa famille. Rédigez l'invitation de 30 à 40 mots. 5

OU

(b) Mettez le dialogue en ordre : 5
Serveur: Oui Madame, vous ne serez pas
déçue! Et pour vous ?
Cliente 1: Non, merci. Je n'aime pas cette tarte. Avez-vous un gâteau au chocolat ?
Serveur : Entrez Mesdames! Asseyez- vous!
Cliente 1: Pour moi, « poisson avec légumes du jour ».
Serveur : Voulez-vous notre spécialité, la tarte au citron?
Cliente 1: Bonjour Monsieur! Nous sommes deux.
Cliente 2: Vous faites toujours d' excellents steaks? Je prends un steak du chef.
Serveur : Très bien. Dans cinq minutes, mesdames.
Cliente 2: Super! Un gâteau et deux tasses de café pour nous, s'il vous plaît.
Serveur : Bien sûr! Presque tout le monde aime ce gâteau.

Réponse :
3.a
Cher Oncle Paul, Paris, le 6 mars 2022
Vous serez content de savoir que nous allons fêter le 50ème anniversaire du mariage de mes grands-parents ce dimanche à 19 h à l'hôtel Palais Royale. Vous devez y être à l'heure avec toute votre famille. On va bien s'amuser.

Bises,
Clament

b. Cliente 1 : Bonjour Monsieur! Nous sommes deux.
Serveur : Entrez Mesdames ! Asseyez- vous !
Cliente 2 : Vous faites toujours d' excellents steaks ? Je prends un steak du chef.
Serveur : Oui Madame, vous ne serez pas déçue ! Et pour vous ?
Cliente 1: Pour moi, « poisson avec légumes du jour ».
Serveur : Voulez-vous notre spécialité, la tarte au citron ?
Cliente 1 : Non, merci. Je n'aime pas cette tarte. Avez-vous un gâteau au chocolat ?
Serveur : Bien sûr ! Presque tout le monde aime ce gâteau.
Cliente 2 : Super ! Un gâteau et deux tasses de café pour nous, s'il vous plaît.
Serveur : Très bien. Dans cinq minutes, mesdames.

(c) Complétez le texte en utilisant les mots / les expressions donnés : 5
(États-Unis/danses/danseurs/accessible/mélange / enseignent/ beaucoup de / énergie / D'ailleurs / sentiments)
Le modern Jazz est un ______de plusieurs danses comme le jazz, la danse classique, la danse moderne, la danse africaine, les claquettes et la danse espagnole. Et c'est une des raisons pour laquelle il attire par sa diversité, le modern jazz convient à ___________ personnalités.
Il laisse beaucoup de liberté aux______ tout en étant technique.
Elle demande de la souplesse, de la rigueur et de l'_____. Comme toutes les______ elle permet l'expression des______. Le nom de cette danse est apparu dans les années 50 aux_________. Comme Le nom Le modern Jazz est _______à tout âge et pour tous les niveaux. ______ vous pouvez trouver des cours près de chez vous sans problèmes, presque tous les studios de danse_____ le modern jazz.

Réponse :
c. Le modern jazz est un **mélange** de plusieurs danses comme le jazz, la danse classique, la danse moderne, la danse africaine, les claquettes et la danse espagnole. Et c'est une des raisons pour laquelle il attire par sa diversité, le modern jazz convient à **beaucoup de** personnalités.

Il laisse beaucoup de liberté aux **danseurs** tout en étant technique. Elle demande de la souplesse, de la rigueur et de l'énergie. Comme toutes les **danses**, elle permet l'expression des **sentiments**. Le nom de cette danse est apparu dans les années 50 aux **États-Unis**. Le modern jazz est **accessible** à tout âge et pour tous les niveaux. **D'ailleurs**, vous pouvez trouver des cours près de chez vous sans problèmes, presque tous les studios de danse **enseignent** le modern jazz.

SECTION C [30 MARKS]
(GRAMMAIRE)

4. Mettez les verbes au temps convenable: (6 au choix)
(a) Si tu sortais avec nous, on (allait / irait / va) ensemble voir un beau spectacle.
(b) Dès que nous (avions conduit / conduisions / aurons conduit) pour 2 heures, nous traverserons la belle campagne.
(c) Avant-hier, ma sœur (est rentrée / sera rentrée / rentrera) de la Malaisie.
(d) Les écrivains ne (font / faisaient / feraient) pas de sports autrefois.
(e) Lorsque la musicienne (est arrivée / sera arrivée / était arrivée) le concert a commencé.
(f) (Sais/Sois/ Sache) bien les paroles de la chanson!
(g) Tout le monde (s'est arrêté / va s'arrêter / s'arrêtait) devant la tour pour admirer l'illumination.
(h) En 2021, ma famille et moi (voyagerons / avons voyagé / venons de voyager) pour 3 mois.
Réponse :
a. irait b. aurons conduit c. est rentrée d. faisaient e. est arrivée f. Sache g. s'est arrêté h. voyagerons

5. Reliez en utilisant les pronoms relatifs composés: (3 au choix) **3**
(a) La chaise est sale. Tu vas t'asseoir sur cette chaise.
(b) La liberté est un concept. Tout le monde s'attache à ce concept.
(c) La personne a été élue. J'ai voté pour cette personne.
(d) Ce sont mes amis d'enfance. J'irai chez eux pendant mes vacances.
Réponse :
a. La chaise **sur laquelle** tu vas t'asseoir est sale.
b. La liberté est un concept **auquel** tout le monde s'attache.
c. La personne **pour laquelle** j'ai voté a été élue.
d. Ce sont mes amis d'enfance **chez lesquels** j'irai pendant mes vacances.

6. Remplacez les noms par des pronoms: (il/en/y/elle/leur/l') **3**
(a) J'ai rencontré Marcel chez Valérie.
(b) Ce village plaît beaucoup à M. et Mme. Croix.
(c) Fais attention à la plage !
(d) Il prend du pain au petit déjeuner.
Ou
Nous mangeons des fruits le matin.
Réponse :
a. Je l'ai rencontré chez elle. b. Il leur plaît beaucoup. c. Fais- y attention! d. Il en prend au petit déjeuner.
OU
Nous en mangeons le matin.

7. Trouvez des questions. Les réponses sont soulignées: (3 au choix) **3**
(a) Il fait du soleil.
(b) Les jeunes sont courageux.
(c) Elle dort parce qu'elle est malade.
(d) Je pense à mes vacances.
Réponse :
a. Quel temps fait-il ?

b. Qui est courageux ?
c. Pourquoi dort-elle ?
d. À quoi penses-tu ?

8. Complétez avec les adjectifs possessifs ou les pronoms possessifs: (3 au choix) **3**
(ta/vos/leurs / ses / des siens / aux nôtres / aux siennes / la mienne)
(a) Elle s'intéresse toujours à _______ études mais lui, il ne s'intéresse pas _______.
(b) Tu as visité _______ville? Je n'ai pas encore visité _______.
(c) Vous allez envoyer une invitation à ______ grands-parents, Nous allons l'envoyer ______.
(d) Ils se souviennent de________ amies extraordinaires, mais elle ne souvient pas_____.
Réponse :
(a) ses, aux siennes (b) ta, la mienne (c) vos, aux nôtres (d) leurs, des siens

9. Mettez les verbes au subjonctif présent: (3 au choix) **3**
(a) Il voudrait bien qu'elles (aller) _______chez lui.
(b) Anne a peur qu'elle (apprendre) ________mal son dialogue.
(c) Il faut que je (voir)______ ce film.
(d) J'aimerais bien que vous (pouvoir)______ assister à ce concert.
Réponse :
(a) aillent (b) apprenne (c) voie (d) puissiez

10. Mettez au discours direct ou indirect selon le cas: (3 au choix) **3**
(a) Il me dit qu'il va écouter mon discours.
(b) Nous avons dit aux enfants de rester avec nous.
(c) Maman demande à Asha: « Quel cadeau veux-tu pour ton 12 of 419.2% anniversaire ? »
(d) Pierre me demande: « Veux-tu aller au cinéma avec moi ? ».
Réponse :
a. Il me dit « Je vais écouter ton / votre discours. »
b. Nous avons dit aux enfants « Restez avec nous ! »
c. Maman demande à Asha quel cadeau elle veut pour son anniversaire.
d. Pierre me demande si je veux aller au cinéma avec lui.

11. Employez un adjectif ou un pronom démonstratif : **3**
(ce, cet, celui-ci, celle-là, celles, ceci, cela, etc...)
(a) _________appartement est magnifique.
(b) _______ne semble pas difficile.
(c) Ne prenez pas _______romans, prenez______ !
(d) Nous ne voulons pas ____ salade. Commandons_____ s'il te plaît
OU
______ exposition a plus de tableaux que________
Réponse :
(a) Cet (b) Ceci / cela / ça (c) ces, ceux- là (d) cette, cella- là
OU
Cette, celle- là

12. Mettez à la forme négative : (3 au choix) **3**
(a) Tout le monde l'apprécie.
(b) Lillette achète de la crème et de la farine.
(c) Nous avons déjà préparé le repas.
(d) Il a encore des euros avec lui.

Réponse :
a. Personne ne l'apprécie. b. Lillette n'achète ni crème ni farine. c. Nous n'avons pas encore préparé le repas. d. Il n'a plus d'euros avec lui.

SECTION D [20 MARKS] (CULTURE ET CIVILISATION)

13. Répondez aux questions : (5 au choix) (20 à 30 mots)
10
(a) Que faut-il avoir pour s'inscrire dans une bibliothèque en France ?
(b) Comment garder une bonne forme ? Donnez 2-3 points.
(c) Quelles matières étudiez-vous à l'école ? Quelle matière préférez- vous ?
(d) Comment fait-on le jardinage ?
(e) Quels sont les responsabilités du président français ? Nommez-en deux.
(f) Comment est la vie d'une jeune fille en France ? Décrivez en 2-3 phrases.
(g) Quel est le rôle des médias ?
Réponse :
a. Pour s'inscrire dans une bibliothèque en France, il faut (avoir) une pièce d'identité, une autorisation des parents et une quittance d'électricité ou de loyer.
b. Pour garder une bonne forme, il faut boire beaucoup d'eau, manger des légumes, des crudités et des fruits, ne pas manger de fast-food, se réveiller tôt, faire du jogging, faire de la méditation , faire du yoga, faire du sport.
c. J'étudie l'anglais, le français, l'histoire, la géographie, la science, la musique, l'art, l'éducation physique, les mathématiques, etc. Je préfère le français/ l'anglais, etc.
d. Pour faire le jardinage on sème des graines de fleurs, on plante des bulbes, on taille des rosiers et on arrose le jardin.
e. Le Président français représente le pays tout entier. Quand il voyage officiellement à l'étranger, il parle au nom de la France et des Français. Il nomme les hautes personnalités de l'État (comme le Premier ministre, les ambassadeurs, etc. Il est chef des armées.
f. La vie d'une jeune fille en France n'est pas facile. Le matin, elle doit prendre le métro pour aller au lycée, elle se trouve à la bibliothèque. Le soir, elle doit travailler dans un café pour gagner un peu d'argent de poche. Puis elle doit faire ses devoirs. Elle ne peut pas rencontrer ses amis sauf les weekends.
g. Les médias nous donnent des nouvelles et influencent l'opinion publique.

14. Complétez à l'aide des mots donnés ci-dessous :(6 au choix)
3
(biodiversité/ l'universitaire / Panchatantra / Elysée / ARTE / éditorial/intérim/pharmacie)
(a) Le ______est une collection de contes et de fables sanskrits.
(b) Il n'a pas de travail fixe, il fait de l'_____
(c) Après le baccalauréat, on va à _______
(d) L' _____ est une rubrique dans le journal.
(e) On peut acheter des médicaments à la ______
(f) On peut regarder le reportage culturel sur _______
(g) La _______,c'est la variété des espèces animales et végétales.
(h) Le palais de l'_____est la résidence présidentielle en France.
Réponse :
(a) Panchatantra
(b) intérim
(c) l'universitaire
(d) éditorial
(e) pharmacie
(f) ARTE
(g) biodiversité
(h) Elysée

15. Reliez et récrivez : 3

(a) travail manuel	(i) Antoine de Saint- Exupéry
(b) Brevet	(ii) château médiéval
(c) pharmacie	(iii) qui travaille avec ses mains
(d) Le Petit Prince	(iv) collège
(e) Louvre	(v) chaîne de télévision française
(f) TF1	(vi) médicaments

Réponse :

(a)-(iii) (b)-(iv) (c)-(vi) (d)-(i) (e)-(ii) (f)-(v)

16. Écrivez Vrai ou Faux : (4 au choix) **4**

(a) Il faut apprécier les autres cultures du monde.
(b) Quand nous tombons sur le répondeur, nous avons fait un faux numéro.
(c) La protection de l'environnement dépend de tous nos efforts.
(d) « Malgudi Days » est un roman de St. Exupéry.
(e) La Fontaine a écrit les Fables.

Réponse :

(a) vrai
(b) faux
(c) vrai
(d) faux
(e) vrai

CBSE PREVIOUS YEAR QUESTION PAPER (2021-22)
SUBJECT CODE: 018

Roll No. **Q.P.**

CODE 20

Candidates must write the Code on the title page of the answer-book.

Instructions:

- Please check that this question paper contains 3 printed pages.
- Q.P. Code given on the right-hand side of the question paper should be written on the title page of the answer-book by the candidate.
- Please check that this question paper contains 7 questions.
- Please write down the serial number of the question in the answer-book before attempting it.
- 15 minutes time has been allotted to read this question paper. The question paper will be distributed at 10.15 a.m. From 10.15 a.m. to 10.30 a.m., the students will read the question paper only and will not write any answer on the answer-book during this period.

SUMMATIVE ASSESSMENT – II

FRENCH

Time allotted: 2 hours **Maximum Marks: 40**

General Instructions :

Read the following instructions carefully :

This question paper contains **4** sections (**7** questions).

Section A (Q 1): Comprehension (**5** marks)

Section B (Q 2): Writing Skill (**10** marks)

Section C (Q 3, Q 4, Q 5, Q 6): Grammar (**15** marks)

Section D (Q 7): Culture and Civilisation (**10** marks)

- **Section A:** Attempt any **5** parts. (instruction given in the question)
- **Section B:** Attempt any **1** part. (Instruction given in the question)
- **Section C:** Question **3** : Attempt any **5** parts.
  Questions **4/5/6** : Attempt any **2** questions. (Instruction given in the questions)
- **Section D :** Attempt any **5** parts. (instruction given in the question)

Des consignes générales :

Lisez les consignes suivantes attentivement :
Ce papier contient **4** sections (**7** questions).
Section A (Q 1) : Compréhension (**5** points)
Section B (Q 2) : Expression Écrite (**10** points)
Section C (Q 3, Q 4, Q 5, Q 6) : Grammaire (**15** points)
Section D (Q 7) : Culture et Civilisation (**10** points)

- **Section A :** Faites **5** parties. (Consigne donnée dans la question)
- **Section B :** Faites **1** partie. (Consigne donnée dans la question)
- **Section C :** Question **3** : Faites **5** parties.
  Questions **4/5/6** : Faites **2** questions. (Consigne donnée dans la question)
- **Section D :** Faites **5** parties. (Consigne donnée dans la question)

SECTION A
(Compréhension) 5

1. Regardez lisez le texte et répondez aux questions suivantes. (5 au choix) **5**
***1=5**

Dormir, à quoi ça sert ?

ADOLESCENTS
À la recherche du sommeil perdu
Résultats de l'enquête
Fondation Pfizer/Ipsos Santé Partie I

55%
Le stress
41%
Regarder des écrans avant de dormir
36%
Se coucher après minuit
22%
L'école

Allez au lit ! Il est l'heure de faire dodo !
Mais non, je dois finir ce jeu vidéo !

Attention mes amis, le sommeil est très important. Pour vous, peut-être, le sommeil c'est juste se reposer. Ce n'est pas vrai. La nuit, notre corps continue à travailler. Et l'empêcher de dormir, c'est l'empêche de faire tout ce qu'il faut pour maintenir une bonne santé. Le sommeil nous rend résistant et plus intelligent. Une nuit de bon sommeil aide à être actif pendant toute la journée. Il faut dormir suffisamment. Le sommeil joue un rôle majeur dans nos vies. Il ne faut surtout pas le Négliger ! Nous sommes bien d'accord que le sommeil est grandement affecté par le travail, l'école, la famille et toutes les autres préoccupations de la vie quotidienne. Un sommeil insuffisant peut affecter notre état mental et notre état physique.
Aujourd'hui encore, les médecins se demandent à quoi servent les rêves. Il existe le sommeil paradoxal où nous avons les yeux fermés, mais ils bougent rapidement sous les paupières. C'est le moment où nous rêvons beaucoup ! Notre cerveau est très actif à ce moment-là. Ce sommeil paradoxal favorise la créativité.
Nous savons aussi qu'un bon sommeil diminue le risque des maladies. On apprend mieux et on est en bonne humeur. Alors, vous n'avez toujours pas envie de dormir ?
(a) D'après l'image, pour quelles raisons les adolescents perdent leur sommeil ?

(b) Pourquoi faut-il bien dormir ? Donner une raison.
(c) Si on dort mal qu'est-ce qui peut arriver ?
(d) Comment notre sommeil peut-il être affecté ?
(e) Que favorise le sommeil paradoxal ?
(f) Comment profitons-nous d'un « bon sommeil ? »
(g) Dormez-vous bien? Pour combien d'heures dormez-vous ?

Réponse :

(a) D'après l'image, les adolescents perdent leur sommeil à cause du stress (55 %), du fait de regarder des écrans avant de dormir (41 %), et de se coucher après minuit (36 %).

(b) Il faut bien dormir car le sommeil aide à être actif pendant toute la journée et favorise une bonne santé.

(c) Si on dort mal, cela peut affecter notre état mental et physique.

(d) Notre sommeil peut être affecté par le travail, l'école, la famille, et d'autres préoccupations de la vie quotidienne.

(e) Le sommeil paradoxal favorise la créativité.

(f) Un bon sommeil nous aide à mieux apprendre, améliore notre humeur, et diminue le risque des maladies.

(g) Dormez-vous bien ? (Réponse personnelle, mais je dirais que cela dépend de chaque individu). Combien d'heures dormez-vous ?

SECTION B
(Expression Écrite) 10

2. Écrivez une lettre de 80 mots (1 au choix). **1*10=10**

(a) Vous partagez «le plaisir de lire » avec votre cousin/cousine. Dites-lui pourquoi vous aimez aller à la bibliothèque.
(b) Votre ami/amie est tombé(e) malade. Dites-lui ce qu'il/elle doit faire pour se rétablir en pleine forme. Encouragez-le/la!
(c) Vous savez que notre planète souffre. Écrivez une lettre à votre correspondant/correspondante pour lui dire ce qu'on doit faire pour sauver la Terre.

Réponse :

(a) Lettre à mon cousin sur le plaisir de lire

Cher cousin,

Je voulais te parler du plaisir que j'ai à lire. J'adore aller à la bibliothèque, car c'est un endroit calme où je découvre des livres fascinants. Chaque fois, je trouve de nouvelles histoires qui m'emmènent dans des mondes incroyables. Lire me permet d'apprendre, de rêver et de voyager sans bouger. Tu devrais essayer aussi, c'est tellement enrichissant !

À bientôt,
[Votre prénom]

(b) Lettre à un(e) ami(e) malade

Chère amie,

J'ai appris que tu es malade. Ne t'inquiète pas, repose-toi bien et prends tes médicaments. Bois beaucoup d'eau et mange des aliments sains pour reprendre des forces. Je suis sûr(e) que tu seras vite de retour en pleine forme. Courage, je pense à toi et j'attends de te revoir en pleine santé.

Amitiés,
[Votre prénom]

(c) Lettre à un correspondant sur la planète

Cher(e) ami(e),

Notre planète souffre de plus en plus, et il est temps d'agir. Nous devons réduire notre consommation de plastique, recycler et planter des arbres. Chacun de nous peut faire une différence en prenant soin de l'environnement. Ensemble, nous pouvons sauver la Terre pour les générations futures.

À bientôt,
[Votre prénom]

SECTION C
(Grammaire) 15

3. Conjuguez les verbes entre parenthèses (5 au choix) : **5×1=5**

(a) Elle dans une semaine. (revenir)
(b) Mon frère l'article hier. (lire)
(c) Il y a quelques secondes, ton portable (sonner)
(d) Aussitôt que les acteurs ___________ sur la scène, nous prendrons les photos. (monter)
(e) « _____ attendre un peu, s'il vous plaît » dit le secrétaire. (vouloir)
(f) Je ___________ dans une heure. (se coucher)
(g) Quand les éléphants ont traversé le chemin, le train ___________. (déjà passer)

Réponse :
(a) reviendra (b) a lu (c) a sonné (d) monteront (e) veuillez (f) me coucherai (g) était déjà passé

Faites DEUX des questions suivantes (4/5/6) :

4. Mettez les phrases au style direct ou indirect, selon le cas : **5*1=5**

(a) Le directeur lui dit de ne pas regarder la réponse.
(b) Elle te demande, « Peux-tu m'envoyer la lettre ? »
(c) Jean me demande quel temps il fait dans ma ville.
(d) Elena nous dit, « Je vais vous téléphoner ce soir. »
(e) Je te dis, « Voyage avec moi ! »

Réponse :
(a) Le directeur lui dit : « Ne regarde pas la réponse. » (style direct)
(b) Elle te demande si tu peux lui envoyer la lettre ? (style indirect)
(c) Jean me demande : « Quel temps fait-il dans ta ville ? » (style direct)
(d) Elena nous dit : « Je vais vous téléphoner ce soir. » (style direct)
(e) Je te dis de voyage avec moi. (style indirect)

5. Trouvez la question : **5*1=5**

(a) Il a des cheveux blonds.
(b) Elle cuisine avec de l'huile d'olive.
(c) Ils sont arrivés de Montréal.
(d) Il fait un temps merveilleux !
(e) Ces croissants sont délicieux.

Réponse :
(a) De quelle couleur sont ses cheveux ? ou Quelle est la couleur de ses cheveux ?
(b) Avec quelle huile cuisine-t-elle ?
(c) D'où sont-ils arrivés ?
(d) Quel temps fait-il ?

(e) Comment sont ces croissants ?

6. Remplacez les mots soulignés par les pronoms possessifs : **5*1=5**

(a) J'ai parlé à mon professeur et tu dois parler à ton professeur.
(b) Où avez-vous garé votre voiture ? Notre voiture est au sous-sol.
(c) Je préfère tes poèmes, mes poèmes sont ennuyeux.
(d) Ma mère vient de rencontrer ta mère.
(e) Elle se souvient de son séjour en France. Vous souvenez-vous de votre séjour ?

Réponse :

(a) J'ai parlé à mon professeur et tu dois parler **au tien.**
(b) Où avez-vous garé votre voiture ? La nôtre est au sous-sol.
(c) Je préfère tes poèmes, **les miens** sont ennuyeux.
(d) Ma mère vient de rencontrer **la tienne**.
(e) Elle se souvient de son séjour en France. Vous souvenez-vous du **vôtre** ?

SECTION D

(Culture et Civilisation) 10

7. Répondez aux questions suivantes (5 au choix) : **5*2=10**

(a) Comment contribuons-nous au réchauffement de la terre ?
(b) Qui est Jules Verne ? Nommez un de ses romans.
(c) Qui a écrit Les Fables ? Nommez une de ces fables.
(d) (Que savez-vous de la sécurité sociale ?
(e) Que mangez-vous pour rester en bonne forme ?
(f) Lisez-vous le journal ? Donnez deux rubriques que nous pouvons y trouver.
(g) (De quoi avons-nous besoin pour nous inscrire dans une bibliothèque en France ?
(h) Pourquoi va-t-on à la pharmacie ?

Réponse :

(a) Nous contribuons au réchauffement de la Terre par la pollution, l'utilisation excessive des combustibles fossiles, la déforestation, et l'émission de gaz à effet de serre.
(b) Jules Verne est un écrivain français, connu pour ses romans d'aventure et de science-fiction. Un de ses romans célèbres est Vingt Mille Lieues sous les mers.
(c) Jean de La Fontaine a écrit Les Fables. Une de ces fables est Le Corbeau et le Renard.
(d) La sécurité sociale est un système qui garantit une protection sociale aux citoyens en cas de maladie, d'accident, de maternité, et de retraite. Elle permet également le remboursement des soins de santé.
(e) Pour rester en bonne forme, je mange des fruits, des légumes, des céréales complètes, des protéines maigres et je bois beaucoup d'eau.
(f) Oui, je lis le journal. Deux rubriques que l'on peut y trouver sont l'actualité et le sport.
(g) Pour s'inscrire dans une bibliothèque en France, nous avons besoin d'une pièce d'identité et d'un justificatif de domicile.
(h) On va à la pharmacie pour acheter des médicaments, des produits de santé, et pour obtenir des conseils sur des problèmes de santé.

CBSE PREVIOUS YEAR QUESTION PAPER (2022-2023)
SUBJECT CODE: 018

Set-4

Series ωZWYX

Roll No. **Q.P.**
CODE 20

Candidates must write the Code on the title page of the answer-book.

Instructions :

- Please check that this question paper contains 11 printed pages.
- Q.P. Code given on the right-hand side of the question paper should be written on the title page of the answer-book by the candidate.
- Please check that this question paper contains 12 questions.
- Please write down the serial number of the question in the answer-book before attempting it.
- 15 minutes time has been allotted to read this question paper. The question paper will be distributed at 10.15 a.m. From 10.15 a.m. to 10.30 a.m., the students will read the question paper only and will not write any answer on the
  answer-book during this period.

FRENCH

Time allotted: 2 hours **Maximum Marks: 80**

SECTION A [10 MARKS]
(COMPRÉHENSION)

1. Lisez le texte, regardez l'image et ensuite répondez aux questions suivantes (5 au choix) **10**

Ados et réseaux sociaux, l'inséparable duo

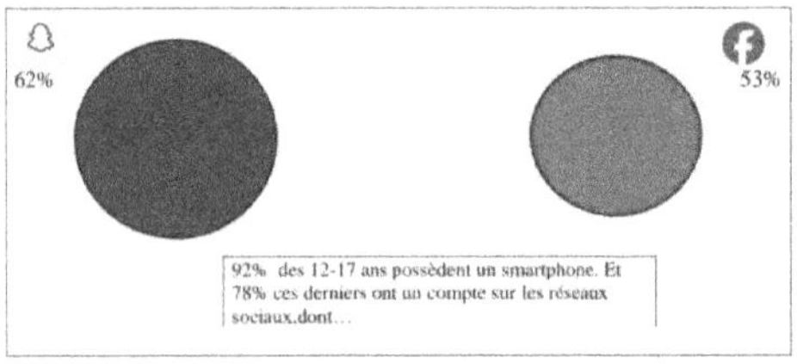

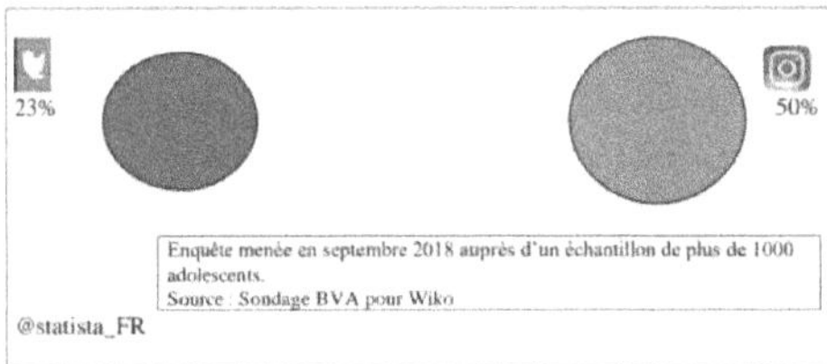

L'usage des médias sur les enfants et les adolescents

Les médias exercent une profonde influence sur le développement psychosocial des enfants. Ce texte vise à explorer les effets bénéfiques et négatifs des médias sur la santé mentale et physique des enfants. La télévision a le potentiel de produire des effets à la fois positifs et négatifs, et de nombreuses études portent sur les répercussions de la télévision sur la société, en particulier sur les enfants et les adolescents. Regarder trop la télévision limite souvent le temps que les enfants peuvent consacrer à des activités essentielles comme le jeu, la lecture, l'interaction avec les camarades et la famille, l'exercice physique régulier etc.La télévision peut être un professeur d'une grande influence, améliorer les aptitudes de lecture et d'apprentissage de ses téléspectateurs. Certains jeux vidéo peuvent contribuer au développement de la motricité (motor skills) fine et de la coordination, mais bien des aspects relatifs aux effets négatifs de la télévision s'appliquent aussi à une trop grande exposition aux jeux vidéo.

Les parents, souvent, ne peuvent pas correspondre aux capacités de leurs enfants à l'ordinateur ou dans Internet. Internet possède l'énorme potentiel de fournir (to provide) aux enfants et aux adolescents l'accès à de l'information éducative, et il peut se comparer à une énorme bibliothèque à domicile.

(i) Répondez aux questions suivantes (2 au choix) : **2×2=4**

(a) Quels sont les effets négatifs des médias sur des adolescents ?

(b) Comment la télévision peut-elle avoir une bonne influence sur nous?

(c) Est-ce que Internet peut nous éduquer aussi? Justifiez votre réponse.

Réponse :

(a) Quels sont les effets négatifs des médias sur les adolescents ?

Les effets négatifs des médias sur les adolescents incluent une réduction du temps consacré à des activités essentielles comme le jeu, la lecture et l'interaction sociale. Une trop grande exposition à la télévision et aux jeux vidéo peut également nuire à la santé mentale et physique, provoquant l'isolement et un mode de vie sédentaire.

(b) Comment la télévision peut-elle avoir une bonne influence sur nous ?

La télévision peut avoir une bonne influence en améliorant les aptitudes de lecture et d'apprentissage des téléspectateurs. Elle peut également être une source d'informations éducatives et inspirantes, contribuant à la connaissance des enfants et des adolescents.

(c) Est-ce que Internet peut nous éduquer aussi ? Justifiez votre réponse.

Oui, Internet peut nous éduquer, car il offre un accès à une quantité immense d'informations éducatives, semblable à une bibliothèque à domicile. Cela permet aux enfants et aux adolescents de rechercher des sujets qui les intéressent et d'apprendre de manière autonome.

(ii) Ecrivez vrai ou faux: **6*0.5=3**

(a) Selon l'infographie les adolescents sont très connectés sur les réseaux sociaux.

(b) Les médias jouent un rôle important dans la vie des adolescents.

(c) Les parents des adolescents sont souvent aussi habiles que leurs enfants, selon le texte.
(d) Les adolescents sortent moins parce qu'ils sont devant l'écran.
(e) Les jeux vidéo ont toujours de bons effets sur un adolescent.
(f) Internet est un outil important pour avoir de l'information.

Réponse :
(i) vrai (ii) vrai (iii) faux (iv) vrai (v) faux (vi) vrai

(iii) Trouvez dans le texte : **6*0.5=3**
(a) Une préposition - ____________
(b) Un adjectif - ______________
(c) La forme nominale de « étudier »- __________
(d) Le contraire de « détériorer »- __________
(e) Un autre mot pour « très grand » _________
(f) - La forme verbale de production- _________

Réponse :
(a) sur (b) profond (c) étude (d) améliorer (e) énorme (f) produire

SECTION B
(Expression Écrite) 20 Marks

2. Écrivez UNE lettre de 80 mots 10 **1*10=10**
(i) Écrivez à votre ami(e) lui décrivant vos loisirs préférés.

OU

(ii) Écrivez une lettre à votre frère pour lui dire ce qu'il doit faire pour trouver un emploi.

OU

(iii) Écrivez à votre cousin(e) pour lui décrire une journée dans la bibliothèque.

Réponse :
(i) Chère [Nom de l'ami(e)],

J'espère que tu vas bien. Je voulais te parler de mes loisirs préférés. Quand j'ai du temps libre, j'aime lire des romans, surtout ceux de fiction et de mystère. Ils m'aident à m'évader et à imaginer des mondes différents. J'adore aussi faire du sport, notamment le football, car il me permet de rester actif et de passer du bon temps avec mes amis. En plus, je m'intéresse à la photographie ; capturer des moments uniques est pour moi une passion. Quels sont tes loisirs préférés ? J'aimerais en savoir plus sur ce qui te passionne !

Amitiés,

[Votre Nom]

(ii) Cher [Nom du frère],

J'espère que tu vas bien. Je voulais te donner quelques conseils pour ta recherche d'emploi. Tout d'abord, je te conseille de mettre à jour ton CV en mettant en avant tes compétences et expériences. Ensuite, prépare une lettre de motivation qui montre ta motivation et tes qualités uniques. Essaye aussi de chercher des offres d'emploi en ligne et de créer un profil sur LinkedIn, où de nombreuses entreprises publient leurs offres. Et surtout, n'hésite pas à contacter des amis ou anciens collègues pour voir s'ils connaissent des opportunités.

Bon courage, je suis sûr que tu trouveras quelque chose de bien !

Fraternellement

[Votre Nom]

(iii) Cher/Chère [Nom du/de la cousin(e)],

Comment vas-tu ? Aujourd'hui, j'ai passé une journée intéressante à la bibliothèque et je voulais te la raconter. En arrivant, j'ai trouvé un coin calme où j'ai pu me plonger dans la lecture de mes livres préférés. L'ambiance était très studieuse, tout le monde travaillait en silence, et c'était vraiment paisible. J'ai pu me concentrer pendant des heures. En plus, la bibliothèque avait une grande collection de livres de toutes sortes, des romans aux encyclopédies. C'était inspirant de voir autant de gens passionnés par la lecture. J'espère que nous pourrons y aller ensemble un jour !

À bientôt,

[Votre Nom]

3. Faites DEUX des questions suivantes : **2×5=10**

(i) Vous voulez fêter le 25° anniversaire de votre frère/sœur. Rédigez une invitation de 30 à 40 mots à ses amis. **5**

Réponse :

Chers amis,

Nous avons le plaisir de vous inviter à célébrer le 25° anniversaire de [Nom du frère/sœur] le [date] à [lieu] à [heure]. Joignez-vous à nous pour une soirée pleine de joie et de surprises !

Merci de confirmer votre présence.

(ii) Mettez le dialogue en ordre et récrivez : **5**

Mme. Saby: Très bien! Tu veux apporter quelque chose ?
Naomi: Oui, je vais voir le Pont du Gard avec l'école.
Mme. Saby: Tu pars à quelle heure ?
Naomi: Bonne nuit Madame!
Mme. Saby: Tu vas sortir ce week-end?
Naomi: Merci, c'est très gentil.
Mme. Saby: Allez, je te laisse. Bonne nuit Naomi.
Naomi: Comme d'habitude, mais je vais certainement rentrer plus tard.
Mme. Saby: D'accord. Je vais préparer un bon poulet avec une soupe aux oignons. J'en laisserai dans le frigo.
Naomi: Non, c'est gentil, on va acheter un sandwich sur la route.

Réponse :

Mme. Saby: Tu vas sortir ce week-end?
Naomi: Oui, je vais voir le Pont du Gard avec l'école.
Mme. Saby: À quelle heure pars-tu ?
Naomi: Comme d'habitude, mais je vais certainement rentrer plus tard.
Mme. Saby: Très bien ! Tu veux apporter quelque chose ?
Naomi: Non, c'est gentil, on va acheter un sandwich sur la route.
Mme. Saby: D'accord. Je vais préparer un bon poulet avec une soupe aux oignons. J'en laisserai dans le frigo.
Naomi: Merci, c'est très gentil.
Mme. Saby: Allez, je te laisse. Bonne nuit Naomi.

Naomi: Bonne nuit Madame !

(iii) Complétez le texte en utilisant les mots/les expressions donnés :
(voyage / coûte / confortable / prendre / moyens / dépend / seulement / même / moins / rapide) **5**
Pour aller de Paris à Lyon, on peut ________ le train, l'avion, le bus et ______ le taxi. Le plus ______c'est l'avion. On met une heure pour aller de Paris à Lyon. C'est le plus rapide, mais c'est aussi le plus cher. Le _______ en avion coûte 150 euros pour un aller. Bien sûr, ça ______des jours et des compagnies aériennes. Il y a un autre moyen de transport assez rapide, c'est le train. En plus c'est beaucoup ________cher que l'avion, ça 42 euros l'aller simple. Le train est moins rapide que l'avion, c'est vrai, mais il met ______deux heures. C'est donc plus rapide que le bus et c'est aussi plus________ .Si le train et le taxi sont les________ de transport les plus confortables, le moins cher c'est quand même le bus.

Réponse :

Pour aller de Paris à Lyon, on peut prendre le train, l'avion, le bus et même le taxi. Le plus rapide c'est l'avion. On met une heure pour aller de Paris à Lyon. C'est le plus rapide, mais c'est aussi le plus cher. Le voyage en avion coûte 150 euros pour un aller. Bien sûr, ça dépend des jours et des compagnies aériennes. Il y a un autre moyen de transport assez rapide, c'est le train. En plus, c'est beaucoup moins cher que l'avion, ça coûte 42 euros l'aller simple. Le train est moins rapide que l'avion, c'est vrai, mais il met même deux heures. C'est donc plus rapide que le bus et c'est aussi plus confortable. Si le train et le taxi sont les moyens de transport les plus confortables, le moins cher c'est quand même le bus.

SECTION C

(Grammaire) 30 Marks

4. Conjuguez les verbes entre parenthèses (5 au choix) **5**

(i) Je veux ……………(se coucher) tôt ce soir.
(ii) Il y a une heure, nous ……….. (compléter) l'affiche.
(iii) ……………. (Vouloir) écrire votre nom sur la fiche !
(iv) Dans quelques instants, il ………… (présenter) son œuvre.
(v) S'il ………… (faire) froid, il ne sortirait pas.
(vi) Dès que l'actrice ………. (revenir), le réalisateur racontera l'histoire.
(vii) L'année dernière, elles ………… (se rencontrer) dans la rue.

Réponse :

(i) Je veux me coucher tôt ce soir.
(ii) Il y a une heure, nous avons complété l'affiche.
(iii) Voulez écrire votre nom sur la fiche !
(iv) Dans quelques instants, il présentera son œuvre.
(v) S'il fait froid, il ne sortirait pas.
(vi) Dès que l'actrice reviendra, le réalisateur racontera l'histoire.
(vii) L'année dernière, elles se sont rencontrées dans la rue.

5. Mettez les phrases au style direct ou indirect, selon le cas. (5 au choix) **5**

(i) Je leur demande s'ils peuvent visiter mon école.
(ii) Paul lui dit de l'accompagner au stade.
(iii) Mon père me demande, "Qu'est-ce qui t'ennuie?"
(iv) « Faites-vous du yoga tous les jours ? », notre ami nous demande.
(v) Ma mère me dit que je pourrai sortir sans elle.
(vi) Harry lui demande ce qu'il voudrait comme cadeau.
(vii) L'agent de police nous dit, « Il faut conduire prudemment »

Réponse :

(i) « Pouvez-vous visiter mon école ? », je leur demande.
(ii) « Accompagne-moi au stade », dit Paul.
(iii) Mon père me demande ce qui m'ennuie.

(iv) Notre ami nous demande s'il faut faire du yoga tous les jours.
(v) « Tu pourras sortir sans moi », me dit ma mère.
(vi) « Que voudrais-tu comme cadeau ? », demande Harry.
(vii) L'agent de police nous dit qu'il faut conduire prudemment.

6. **a** Trouvez la question.
5
(i) Miriam arrive **demain**.
(ii) Je mange la salade avec **du pain**.
(iii) **Parce qu'il fait très chaud**.
(iv) **Les magasins** sont fermés.
(v) Elle a acheté **des fleurs**
Réponse :
(i) Quand est-ce que Miriam arrive ?
(ii) Qu'est-ce que tu manges avec du pain ?
(iii) Pourquoi fait-il très chaud ?
(iv) Pourquoi les magasins sont-ils fermés ?
(v) Qu'est-ce qu'elle a acheté ?
OU
(b) Répondez aux questions suivantes à la forme négative:
5×1=5
(i) Te couches-tu toujours à minuit ?
(ii) Mets-tu du sucre dans ton café ?
(iii) As-tu lu Astérix et Tintin?
(iv) Avez-vous déjà copié les dessins?
(v) Quelqu'un vient de frapper à la porte ?
Réponse :
(i) Non, je ne me couche pas toujours à minuit.
(ii) Non, je ne mets pas de sucre dans mon café.
(iii) Non, je n'ai pas lu Astérix et Tintin.
(iv) Non, nous n'avons pas déjà copié les dessins.
(v) Non, personne n'est venu frapper à la porte.

7. **(a)** Remplissez les blancs par les adjectifs ou les pronoms possessifs:
10×0.5=5
(i) Je vais prendre …………… roman, prenez ……………. aussi !
(ii) Le garçon lui a servi …………….. dessert, j'attends ……………… .
(iii) Chers amis, où sont ………….. photos? Nous avons mis ……………. dans la boîte.
(iv) La jeune fille s'occupe bien de ……………….. parents, et lui, s'occupe-t-il de………… ?
(v) ……….. voix est plus belle que ………….. .
Réponse :
(i) Je vais prendre mon roman, prenez le vôtre aussi !
(ii) Le garçon lui a servi son dessert, j'attends le mien.
(iii) Chers amis, où sont vos photos ? Nous avons mis les nôtres dans la boîte.
(iv) La jeune fille s'occupe bien de ses parents, et lui, s'occupe-t-il de ses ?
(v) Sa voix est plus belle que la mienne.
OU
7. **b** Complétez avec les adjectifs ou les pronoms démonstratifs :
5
(i) ……….boisson fraîche est meilleure que ……….. .
(ii) J'aime …….. restaurant. ………… qui est derrière le musée est trop petit.
(iii) J'ai emprunté 2 bandes dessinées, ………. pour toi et …………… pour moi.

(iv) Voulez-vous visiter …….. maison ou ………… ?
(v) Écoutes-tu _____vieilles chansons et ……….. de Elvis Presley ?
Réponse :
(i) Cette, celle-ci (ii) ce, Celui (iii) celle-ci , et celle- là (iv) cette , cella- là (v) ces, celles

8. a. Reliez les phrases avec les pronoms relatifs simples ou composés : **5**
(i) J'ai assisté à ce concert. Tu m'as parlé de ce concert
(ii) Elle a reçu la lettre. Tu l'as écrite.
(iii) Nous ne connaissons pas cette dame. Vous parlez avec elle.
(iv) Le professeur a trouvé les erreurs. Je n'ai pas fait attention à ces erreurs.
(v) Voilà Sophie. Elle m'a invité au dîner.
Réponse :
(i) J'ai assisté à ce concert dont tu m'as parlé.
(ii) Elle a reçu la lettre que tu l'as écrite.
(iii) Nous ne connaissons pas cette dame avec qui vous parlez.
(iv) Le professeur a trouvé les erreurs auxquelles je n'ai pas fait attention.
(v) Voilà Sophie, qui m'a invité au dîner.
OU
8. b Remplacez les noms soulignés par les pronoms personnels, y, en, etc. **5×1=5**
(i) Kathy n'a pas accepté **la bourse**.
(ii) Entre **dans ce salon** !
(iii) Ma cousine va te donner **des fleurs**.
(iv) Ce sont **mes tantes** qui rient.
(v) Je ne montre pas **ces peintures à mes camarades**.
Réponse :
(i) Kathy n'y a pas accepté.
(ii) Y entre !
(iii) Ma cousine va te les donner.
(iv) Ce sont mes tantes qui rient.
(v) Je ne les montre pas à mes camarades.

9. Mettez au subjonctif (5 au choix): **5×1=5**
(i) Il faut que nous (savoir) le chemin.
(ii) Elle ne pense pas que tu (venir) à la soirée.
(iii) Je suis content que tes amis (être) à l'heure pour le concours.
(iv) Elle ne veut pas que nous (avoir) du mal à la comprendre.
(v) Il exige que je (finir) mon devoir.
(vi) Claire souhaite que tu (voir) ce film avec elle.
(vii) Nous sommes heureux qu'elle (pouvoir) chanter.
Réponse :
(i) Il faut que nous sachions le chemin.
(ii) Elle ne pense pas que tu viennes à la soirée.
(iii) Je suis content que tes amis soient à l'heure pour le concours.
(iv) Elle ne veut pas que nous ayons du mal à la comprendre.
(v) Il exige que je finisse mon devoir.
(vi) Claire souhaite que tu voies ce film avec elle.
(vii) Nous sommes heureux qu'elle puisse chanter.

SECTION D

(Culture et Civilisation) 20 Marks

10. Répondez aux questions (5 au choix) (20 à 30 mots) : **5×2=10**

(i) A quel âge entre-t-on au primaire, au collège et au lycée en France ?

(ii) Qui est Ieoh Ming Pei?

(iii) Pourquoi s'inscrit-on dans une bibliothèque ?

(iv) Où se situe le musée d'Orsay? Que peut-on y trouver ?

(v) Comment pouvons-nous conserver de l'eau ?

(vi) Qu'est-ce que c'est « la sécu » ?

(vii) Quelles sont les responsabilités du Président en France?

Réponse :

(i) En France, on entre au primaire à 6 ans, au collège à 11 ans, et au lycée à 15 ans. Ce système éducatif est structuré pour accompagner les élèves dans leur apprentissage.

(ii) Ieo Ming Pei est un architecte chinois-américain renommé, connu pour ses designs modernes, comme la pyramide du Louvre à Paris et le musée d'art de la ville de Dallas.

(iii) On s'inscrit dans une bibliothèque pour accéder à des livres, des magazines et d'autres ressources. Cela permet de favoriser la lecture, l'apprentissage et la recherche sans coût financier.

(iv) Le musée d'Orsay est situé à Paris, sur la rive gauche de la Seine. On y trouve des œuvres impressionnistes et post-impressionnistes, ainsi que des sculptures et des objets d'art.

(vi) « La sécu » fait référence à la sécurité sociale en France. C'est un système qui assure la protection sociale des citoyens en matière de santé, de retraite et d'indemnités de chômage.

(vii) Le Président en France a plusieurs responsabilités, notamment diriger le pays, représenter la France à l'étranger, nommer le Premier ministre et veiller à l'application des lois.

11. Complétez à l'aide des mots donnés ci-dessous (5 au choix) :
5×1=5

(répondeur / version / terre / musée / chaîne / nuit / Sénat)

(i) Si je tombe sur le ………… , je laisse un message.

(ii) Le ……… est une des deux assemblées en France.

(iii) Il faut absolument réduire le réchauffement de la ………… .

(iv) Je n'arrive pas à dormir, j'ai passé une ………… blanche.

(v) Je vais regarder le film en ………….. originale.

(vi) Le Louvre reste le ……………… le plus visité du monde.

(vii) Canal+ est une ………….. de télévision.

Réponse :

(i) Si je tombe sur le répondeur, je laisse un message.

(ii) Le Sénat est une des deux assemblées en France.

(iii) Il faut absolument réduire le réchauffement de la terre.

(iv) Je n'arrive pas à dormir, j'ai passé une nuit blanche.

(v) Je vais regarder le film en version originale.

(vi) Le Louvre reste le musée le plus visité du monde.

(vii) Canal+ est une chaîne de télévision.

12. (a) Faites correspondre les éléments de le colonne A avec ceux de la colonne B: **5×1=5**

Colonne A	Colonne B
(i) Le Monde	- La Fontaine
(ii) ARTE	- journal
(iii) Fables	- chaîne culturelle

(iv) passer un - intérim
(v) le travail - concours

OU

(b) Ecrivez vrai ou faux : **5×1=5**

(i) L'Express est un mensuel.
(ii) Première est la deuxième année de lycée.
(iii) On peut trouver des jeux vidéo dans une bibliothèque en France.
(iv) Malgudi Days est une revue indienne.
(v) Le médecin doit remplir des formulaires de sécu de son patient en France.

Réponse :

12. (a) (i) Le Monde – journal (ii) ARTE - chaîne culturelle (iii) Fables - La Fontaine (iv) passer un– intérim (v) le travail - concours

12. (b) (i) faux (ii) vrai (iii) vrai (iv) faux (v) vrai

YouTube video for previous years solved papers

URL	QR
https://www.youtube.com/playlist?list=PLzlh_31VWEFrObEC6D4MpVxYGvuVmYlFE	

Online exam paper for previous year 2023

URL	QR
https://forms.gle/ZWdBBFB9e25CazXM7	

CBSE PREVIOUS YEAR QUESTION PAPER (2023-2024)
SUBJECT CODE: 018

Series #CDBA
Set-4

Roll No. Q.P. Code 20

Candidates must write the Code on the title page of the answer-book.

Instructions:

- Please check that this question paper contains 11 printed pages.
- Please check that this question paper contains 7 questions.
- Q.P. Code given on the right-hand side of the question paper should be written on the title page of the answer-book by the candidate.
- Please write down the serial number of the question in the answer-book before attempting it.
- 15 minutes time has been allotted to read this question paper. The question paper will be distributed at 10.15 a.m. From 10.15 a.m. to 10.30 a.m., the students will read the question paper only and will not write any answer on the
answer-book during this period.

FRENCH

Time allotted: 2 hours **Maximum Marks: 80**

General Instructions :
(i) Question paper is divided into 4 sections.
(ii) It has total 7 questions.
(iii) Section A : Question no. 1(a) to 1(c)
(iv) Section B : Questions no. 2 to 3(c)
(v) Section C : Question no. 4(a) to 4(f)
(vi) Section D : Questions no. 5 to 7(b)
(vii) Attempt questions as per specific instructions
(viii) Write question no. in answer book before attempting it.

Instructions gènérales :
(i) Le questionnaire est divisé en 4 sections.
(ii) Il contient au total 7 questions.
(iii) Section A : Question no. 1(a) à 1(c)
(iv) Section B : Questions no. 2 à 3(c)
(v) Section C : Question no. 4(a) à 4(f)
(vi) Section D : Questions no. 5 à 7(b)
(vii) Répondez aux questions selon les instructions spécifiques.
(viii) Écrivez le numéro de la question dans votre cahier avant de répondre.

SECTION A

(COMPRÉHENSION) **10 MARKS**

1. Lisez le texte, regardez l'image donné ci-dessous et ensuite répondez aux questions :

Pourquoi apprendre les langues étrangères ?

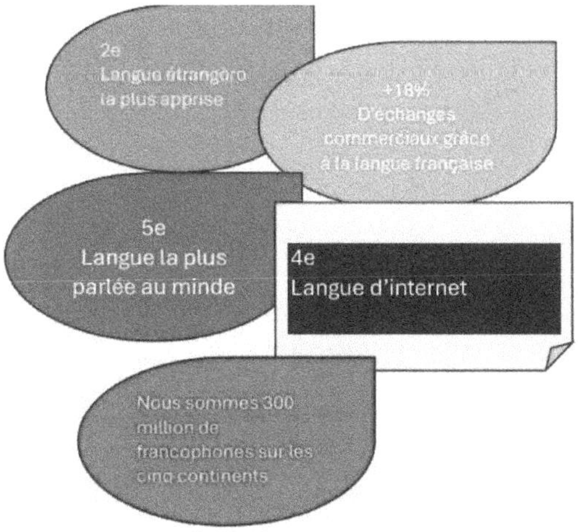

Froncophonie.org **la francophonie**

Nous sommes aujourd'hui dans un processus de mondialisation de notre planète. Ainsi, cela signifie qu'il y a plus d'échanges économique, diplomatique, culturel ou commercial entre les différentes régions du globe. Donc un besoin de communication entre les différentes populations mondiales est fort nécessaire!

Mais est-ce vraiment la seule raison pour apprendre les langues ?

De très nombreuses études scientifiques disent que l'apprentissage d'une langue stimule et améliore les capacités de votre cerveau. Ainsi, si vous connaissez plus d'une langue, cela montrera vos capacités en termes de patience et de persévérance.

L'enseignement d'une seconde langue aux enfants dès l'école primaire, même maternelle, cherche à développer plus de tolérance vers les autres dans une société moderne d'aujourd'hui.

Apprendre une langue étrangère vous permettra de voyager beaucoup plus facilement. En fait, vous pourrez découvrir le monde vous-même. De plus, maîtriser la langue locale vous permettra de communiquer avec des personnes qui ne parlent pas forcément l'anglais.

Apprendre une nouvelle langue nous introduit naturellement vers la culture de l'autre. Par la langue, on apprend comment on peut vivre autrement, on découvre d'autres habitudes, une autre gastronomie aussi.

(https://clic-campus.fr/pourquoi-est-il-important-d'apprendre-les-langues- étrangères/)

Lexique :

La mondialisation : globalisation

Le cerveau : brain

(a) Répondez aux questions suivantes: (2 au choix) **4**

(i) Aujourd'hui, pourquoi est-il important d'apprendre plusieurs langues ?

(ii) Pensez-vous que les petits enfants bénéficient d'apprendre des langues étrangères ? Justifiez votre réponse.

(iii) Quels sont les avantages de connaître une langue étrangère quand on voyage?

Réponse :

(i) Aujourd'hui, pourquoi est-il important d'apprendre plusieurs langues ?

Il est important d'apprendre plusieurs langues aujourd'hui en raison de la mondialisation, qui favorise les échanges économiques, culturels et diplomatiques entre les différentes régions du globe. De plus, maîtriser plusieurs langues stimule les capacités du cerveau et montre des qualités comme la patience et la persévérance.

(ii) Pensez-vous que les petits enfants bénéficient d'apprendre des langues étrangères ? Justifiez votre réponse.

Oui, les petits enfants bénéficient d'apprendre des langues étrangères, car cela développe leur tolérance envers les autres cultures. Cela favorise également leur capacité d'apprentissage et leur ouverture d'esprit, ce qui est essentiel dans une société moderne et multiculturelle.

(iii) Quels sont les avantages de connaître une langue étrangère quand on voyage ?

Connaître une langue étrangère permet de voyager plus facilement en facilitant la communication avec les habitants locaux. Cela aide également à découvrir la culture et les habitudes du pays, ce qui rend le voyage plus enrichissant et authentique.

(b) Écrivez vrai ou faux : 3

(i) Parler une langue étrangère peut être utile dans beaucoup de domaines de la vie.

(ii) Selon l'image 300 millions de personnes parlent français.

(iii) On n'a pas besoin de connaitre plus d'une langue, selon le texte.

(iv) D'après le texte, le voyage est plus intéressant si on parle la langue de la région.

(v) Parler l'anglais est suffisant quand on voyage dans n'importe quel pays.

(vi) On peut avoir de meilleures relations avec les autres si on parle leur langue.

Réponse :

(i)vrai (ii)faux (iii)faux (iv)vrai (v)faux (vi)vrai

(c) Trouvez dans le texte: (3 au choix) 3

(i) Une préposition - _________

(ii) Un adjectif - __________

(iii) La forme nominale de « etudier » - __________

(iv) Le contraire de « ancienne :- __________

(v) Le synonyme de « cuisine » - _________

Réponse :

(i) entre (ii) nécessaire (iii) étude (iv) nouveau (v) gastronomie

SECTION B
(EXPRESSION ÉCRITE) 20 MARKS

2. Écrivez UNE lettre de 80 mots : 10

(a) Écrivez à votre correspondant(e) canadien(ne), lui disant comment il/elle peut rester en pleine forme.

OU (Or)

(b) Écrivez une lettre à votre mère en Inde, lui décrivant le système scolaire en France.

OU (Or)

(c) Écrivez à votre ami/amie, lui disant pourquoi vous aimez aller à la bibliothèque.

Réponse :

(a) Chère Sophie,

Pour rester en forme, tu devrais faire de l'exercice régulièrement, même une petite marche quotidienne aide beaucoup. Mange équilibré, surtout des légumes et des fruits, et essaie de réduire les aliments gras. Bois beaucoup d'eau et évite trop de sucre. Enfin, garde un bon sommeil, car c'est essentiel pour ta santé. Prends soin de toi et amuse-toi dans tes activités sportives !

Amicalement,
[Votre Nom]

(b) Chère Maman,

Le système scolaire en France est assez structuré. Les enfants commencent à la maternelle, puis ils vont à l'école primaire. Ensuite, ils fréquentent le collège de 11 à 15 ans, puis le lycée. Les cours sont rigoureux et les élèves passent un examen final appelé le "Baccalauréat" pour entrer à l'université. L'éducation ici est vraiment exigeante, mais enrichissante !

Bisous,
[Votre Nom]

(c) Cher(e) [Nom de l'ami(e)],

J'adore aller à la bibliothèque parce que c'est un endroit calme où je peux lire sans distractions. J'y découvre des livres passionnants et parfois même des magazines intéressants. C'est aussi un bon moyen de me concentrer pour mes études et de trouver des ressources utiles pour mes projets. Si tu as le temps, viens avec moi la prochaine fois, tu verras comme c'est agréable !

À bientôt,
[Votre Nom]

3. Faites DEUX des questions suivantes : **10**

(a) C'est l'anniversaire de votre cousine. Vous ne pouvez pas assister à la soirée. Rédigez un refus et excusez-vous ! (30 mots)

OU (Or)

(b) Mettez le dialogue en ordre et récrivez :
Pierre: Pourquoi as-tu quitté la Provence ?
Lucas: C'est vrai. Ici à Paris, tout est immense, il y a du monde partout.
Pierre: Moi, c'est Pierre. Bienvenue au collège Claude Debussy.
Lucas: Mon père a trouvé un emploi à Paris.
Pierre: Bonjour, ça va? Comment t'appelles-tu ?
Lucas: Je viens de la Provence.
Pierre: Tu viens d'où ?
Lucas: Bonjour. Oui ça va. Je m'appelle Lucas. Et toi ?
Pierre: La Provence ? C'est loin de Paris ça !
Lucas: Merci, c'est gentil.

OU (Or)

(c) Complétez le texte en choisissant parmi les mots donnés ci-dessous et récrivez :
(beaucoup / fantastiques / acheter / prennent / surtout / pour / hiver)
Tout le monde aime les centres commerciaux. En été comme en _______les gens visitent ces endroits _______remplis de boutiques variées et d'animations diverses. En effet, même si vous ne voulez pas _______ quelque chose, il est toujours intéressant de passer du temps dans les centres commerciaux. Le centre commercial est l'endroit idéal _______ passer un bon moment avec la famille ou des amis. Les gens y vont _______ pour déguster un bon sandwich assis près de la fontaine ou tout en regardant un spectacle de danse.

Réponse :
(a) Chère cousine, je suis vraiment désolé(e) de ne pas pouvoir assister à ta soirée d'anniversaire. J'ai un empêchement imprévu. Passe une merveilleuse fête !
Gros bisous.

(b)
Pierre: Bonjour, ça va ? Comment t'appelles-tu ?
Lucas: Bonjour. Oui, ça va. Je m'appelle Lucas. Et toi ?
Pierre: Moi, c'est Pierre. Bienvenue au collège Claude Debussy.
Pierre: Tu viens d'où ?
Lucas: Je viens de la Provence.
Pierre: La Provence ? C'est loin de Paris, ça !
Lucas: Mon père a trouvé un emploi à Paris.
Pierre: Pourquoi as-tu quitté la Provence ?
Lucas: C'est vrai. Ici à Paris, tout est immense, il y a du monde partout.
Lucas: Merci, c'est gentil.

(c)Tout le monde aime les centres commerciaux. En été comme en hiver, les gens visitent ces endroits fantastiques remplis de boutiques variées et d'animations diverses. En effet, même si vous ne voulez pas acheter quelque chose, il est toujours intéressant de passer du temps dans les centres commerciaux. Le centre commercial est l'endroit idéal pour passer un moment avec la famille ou des amis. Les gens y vont surtout pour déguster un bon sandwich assis près de la fontaine ou tout en regardant un spectacle de danse.

SECTION C
GRAMMAIRE 30
MARKS

4. (a) Conjuguez les verbes entre parenthèses: (5 au choix) **5×1=5**
(i) Le mois dernier, les chanteurs (sa présenter) au Directeur.
(ii) Lorsque les crêpes sert prêtes, ils (déjeuner) déjà.
(iii) Ne (se fâcher) pas, je te prie !
(iv) En 2021, nous (étudier) souvent en ligne.
(v) Dans une semaine, on (voir) ce film célèbre.
(vi) Pauline me (téléphoner) si elle recevait la bonne nouvelle.
(vii) Aussitôt que le train (arriver) nous sommes descendus avec nos valises.
Réponse :
4(a) (i) Le mois dernier, les chanteurs se sont présentés au Directeur.
(ii) Lorsque les crêpes sont prêtes, ils avaient déjà déjeuné.
(iii) Ne te fâche pas, je te prie !
(iv) En 2021, nous étudiions souvent en ligne.
(v) Dans une semaine, on verra ce film célèbre.
(vi) Pauline me téléphonera si elle reçoit la bonne nouvelle.
(vii) Aussitôt que le train est arrivé, nous sommes descendus avec nos valises

(b) Mettez les phrases au style direct ou indirect, selon le cas: (5 au choix). **5×1=5**
(i) Son père lui dit, « Ne va pas seul. »
(ii) Maman me demande, « Peux-tu me chercher de mon bureau ? »
(iii) Nous te demandons à quelle heure arrive ton train.
(iv) Gilles nous dit, « Je ne veux pas vous déranger. »
(v) Le proviseur annonce que l'école sera fermée demain.
(vi) Je demande à ma sœur, « Que fais-tu samedi soir ? »
(vii) Je lui conseille de se reposer dans sa chambre.

Réponse :

(i) Son père lui dit de ne pas aller seul.

(ii) Maman me demande si je peux la chercher de son bureau.

(iii) Nous te demandons : « À quelle heure arrive ton train ? »

(iv) Gilles nous dit qu'il ne veut pas nous déranger.

(v) Le proviseur annonce : « L'école sera fermée demain. »

(vi) Je demande à ma sœur ce qu'elle fait samedi soir.

(vii) « Repose-toi dans ta chambre », lui conseille-je.

(c) (I) Trouvez la question : **5×1=5**

(i) Il fait très chaud.

(ii) Elle arrive dans deux jours.

(iii) Je vais sortir avec ma sœur.

(iv) La leçon est difficile.

(v) Les histoires sont intéressantes.

Réponse :

(i) Quel temps fait-il ?

(ii) Quand arrive-t-elle ?

(iii) Avec qui vas-tu sortir ?

(iv) La leçon est-elle difficile ?

(v) Les histoires sont-elles intéressantes ?

OU (Or)

(c) (II) Répondez aux questions suivantes à la forme négative:

(i) Voulez-vous du sel ou du poivre ?

(ii) Parlez-vous toujours en français avec vos parents?

(iii) Tout le monde sait nager dans votre classe ?

(iv) Votre famille est déjà allée au Japon?

(v) Voulez-vous acheter des cartes-postales ?

Réponse :

(i) Non, je ne veux ni sel ni poivre.

(ii) Non, je ne parle pas toujours en français avec mes parents.

(iii) Non, tout le monde ne sait pas nager dans ma classe.

(iv) Non, ma famille n'est pas encore allée au Japon.

(v) Non, je ne veux pas acheter de cartes-postales.

(d) (I) Remplissez les blancs par les adjectifs ou les pronoms possessifs : **5×1=5**

(i) Ils parlent de _____famille. Parlez-vous de______ ?

(ii) Je m'occupe toujours de_____ belles plantes, t'occupes-tu______ ?

(iii) Peux-tu me prêter ______trousse? Je ne trouve pas _____.

(iv) Nous avons fait______ peinture. Il n'a pas encore complété ______.

(v) J'ai oublié serviette de plage, me prêtes-tu ……. ?

Réponse :

(i) Ils parlent de leur famille. Parlez-vous de la vôtre ?

(ii) Je m'occupe toujours de mes belles plantes, t'occupes-tu des tiens ?

(iii) Peux-tu me prêter ta trousse ? Je ne trouve pas la mienne.

(iv) Nous avons fait notre peinture. Il n'a pas encore complété la sienne.

(v) J'ai oublié ma serviette de plage, me prêtes-tu la tienne ?

OU (Or)

(d) (II) Complétez avec les adjectifs ou les pronoms démonstratifs : **5×1=5**

(i). ______vacances étaient plus belles que ____ de l'année dernière.

(ii) Je veux gouter____ pas_____ !

(iii) Melissa prend _____lunettes. Elle laisse ______-la pour sa sœur.

(iv) Nous avons visité _______ musée. Nous allons visiter _____ de Paris bientôt.

(v) ______station de radio a de meilleures émissions que _______-ci.

Réponse :

(i) Ces vacances étaient plus belles que celles de l'année dernière.

(ii) Je veux goûter ceci, pas cela !

(iii) Melissa prend ces lunettes. Elle laisse celles-là pour sa sœur.

(iv) Nous avons visité ce musée. Nous allons visiter celui de Paris bientôt.

(v) Cette station de radio a de meilleures émissions que celle-ci.

(e) (I) Reliez les phrases avec les pronoms relatifs simples ou composés: **5×1=5**

(i) J'adore ce jardin. Nous nous promenons dans ce jardin.

(ii) Elle a bien réussi à ce contrôle. Elle avait fait bien attention à ce contrôle.

(iii) Je viens de voir le documentaire. Il est magnifique

(iv) Veux-tu goûter ces tartes? Maman vient de préparer ces tartes.

(v) Voilà le lac. Nous passons nos vacances au bord de ce lac.

Réponse :

(i) J'adore ce jardin dans lequel nous nous promenons.

(ii) Elle a bien réussi à ce contrôle auquel elle avait fait bien attention.

(iii) Je viens de voir le documentaire qui est magnifique.

(iv) Veux-tu goûter ces tartes que maman vient de préparer ?

(v) Voilà le lac au bord duquel nous passons nos vacances.

OU (Or)

(e) (II) Remplacez les noms soulignés par les pronoms personnels, y, en, etc: **5×1=5**

(i) Regardes-tu cette émission tous les soirs?

(ii) Ses parents, ils ne sortent pas beaucoup.

(iii) Attendez-moi au restaurant !

(iv) Je vais te donner mes coordonnées.

(v) Il a fait des fautes d'orthographe.

Réponse :

(i) La regardes-tu tous les soirs ?

(ii) Ses parents, ils ne sortent pas beaucoup. (no change needed)

(iii) Attendez-moi y !

(iv) Je vais te les donner.

(v) Il en a fait.

(f) Mettez au subjonctif: (5 au choix). **5×1=5**

(i) Il est important que nous (pouvoir) assister à cette fête.

(ii) Il est nécessaire que vous (savoir) les verbes.

(iii) J'ai peur qu'elles (faire) des bêtises.

(iv) Nous sommes contents que notre professeur (aller) en France.

(v) Ma mère exige que nous (manger) ensemble.

(vi) Il faut qu'un enfant (apprendre) plus d'une langue.

(vii) Je veux que ma grand-mère (être) en bonne santé.

Réponse :

(i) Il est important que nous puissions assister à cette fête.
(ii) Il est nécessaire que vous sachiez les verbes.
(iii) J'ai peur qu'elles fassent des bêtises.
(iv) Nous sommes contents que notre professeur aille en France.
(v) Ma mère exige que nous mangions ensemble.
(vi) Il faut qu'un enfant apprenne plus d'une langue.
(vii) Je veux que ma grand-mère soit en bonne santé.

SECTION D
(CULTURE & CIVILISATION) 20 MARKS

5. Répondez aux questions : (5 au choix) (20 à 30 mots) **5*2=10**
(i) Que faut-il faire si on est au chômage en France ?
(ii) Comment peut-on avoir une carte de lecteur en France ?
(iii) Qu'est-ce qui constitue les médias ? Nommez 2 chaines de télévision française.
(iv) Que savez-vous du musée d'Orsay ?
(v) Comment peut-on réduire le gaspillage d'eau ?
(vi) Quels sont les responsabilités du Président français ? Nommez-en deux.
(vii) Qu'est-ce que c'est (a) un mensuel, (b) un quotidien ?
Réponse :
(i) Si on est au chômage en France, on peut s'inscrire à Pôle emploi pour recevoir des allocations et obtenir de l'aide pour retrouver un travail.
(ii) Pour avoir une carte de lecteur en France, il faut s'inscrire dans une bibliothèque et fournir une pièce d'identité et un justificatif de domicile.
(iii) Les médias comprennent la télévision, la radio, et la presse. Deux chaînes de télévision françaises sont TF1 et France 2.
(iv) Le musée d'Orsay, situé à Paris, est célèbre pour sa collection d'art impressionniste, notamment des œuvres de Monet et Van Gogh.
(v) On peut réduire le gaspillage d'eau en réparant les fuites, en prenant des douches courtes et en utilisant des appareils économes en eau.
(vi) Deux des responsabilités du Président français sont :
Chef des Armées : Il est responsable de la défense nationale et peut décider de l'usage des forces armées.
Garant de la Constitution : Il veille au respect de la Constitution et assure le fonctionnement des institutions.
(vii) (a) Un mensuel : Un magazine ou journal publié une fois par mois.
(b) Un quotidien : Un journal publié chaque jour.

6. Complétez à l'aide des mots donnes ci-dessous :(5 au choix) **5*1=5**
(lessive / dents / répondeur / Malgudi Days / Monde / jardinage / retraite)
(i) _____ est écrit par R.K. Narayan.
(ii) On laisse un message si on tombe sur un _____.
(iii) Il va chez le dentiste car il a mal aux _____.
(iv) La Sécu garantit une _____ aux travailleurs.
(v) Faire la _____ est une tâche ménagère.
(vi) J'aime faire le _____ , c'est mon passe-temps favori.
(vii) Le _____ est un journal français.
Réponse :
(i) Malgudi Days est écrit par R.K. Narayan.
(ii) On laisse un message si on tombe sur un répondeur.
(iii) Il va chez le dentiste car il a mal aux dents.

(iv) La Sécu garantit une retraite aux travailleurs.
(v) Faire la lessive est une tâche ménagère.
(vi) J'aime faire le jardinage, c'est mon passe-temps favori.
(vii) Le Monde est un journal français.

7. (a) Faites correspondre les éléments de la Colonne A avec ceux de la Colonne B : **5 *1= 5**

Colonne A	Colonne B
(i) Baccalauréat-	Reportage culturel
(ii) IUT	- Le Petit Prince
(iii) Récit	-Lycée
(iv) Fable	- Études supérieures
(v) ARTE	- Panchatantra

Réponse :
(i) Baccalauréat - Lycée
(ii) IUT - Études supérieures
(iii) Récit - Le Petit Prince
(iv) Fable - Panchatantra
(v) ARTE - Reportage culturel

OU (Or)

(b) Écrivez vrai ou faux : **5*1=5**

(i) Zapper, c'est passer d'une chaîne à une autre.
(ii) PSG est un métro rapide en France.
(iii) Express est un hebdomadaire.
(iv) Tournesol est un roman français.
(v) Le Palais Bourbon est le siège de l Assemblée Nationale.

Réponse :
(i) Zapper, c'est passer d'une chaîne à une autre. Vrai
(ii) PSG est un métro rapide en France. Faux
(iii) Express est un hebdomadaire. Vrai
(iv) Tournesol est un roman français. Faux
(v) Le Palais Bourbon est le siège de l'Assemblée Nationale. Vrai

CBSE PREVIOUS YEAR QUESTION PAPER (2024-2015)
SUBJECT CODE: 018

Series : 1GEFH
SET~4

Q.P. Code

20

Candidates must write the Q.P. Code on title page of the answer-book. Series

Roll No

NOTE
(I) Please check that this question paper contains 11 printed pages.
(II) Q.P. Code given on the right hand side of the question paper should be written on the title page of the answer-book by the candidate.
(III) Please check that this question paper contains 12 questions.
(IV) Please write down the Serial Number of the question in the answer-book at the given place before attempting it.
(V) 15 minute time has been allotted to read this question paper. The question paper will be distributed at 10.15 a.m. From 10.15 a.m. to 10.30 a.m., the candidates will read the question paper only and will not write any answer on the answer-book during this period.

FRENCH

Time allowed : 3 hours Maximum
Marks : 80

General Instructions :
(i) This question paper is divided into 4 sections.
(ii) It has total 12 questions.
(iii) Section A : 1 Question no. 1
(iv) Section B : 2 Questions no. 2 to 3
(v) Section C : 6 Questions no. 4 to 9
(vi) Section D : 3 Questions no. 10 to 12
(vii) Attempt questions as per specific instructions.
(viii) Write question no. in answer book before attempting it.

Instructions générales :
(i) Ce paper est divisé en 4 sections.
(ii) Il y a 12 questions en totale.
(iii) Section A : 1 Question no. 1(a) à 1(c)
(iv) Section B : 2 Questions no. 2 à 3
(v) Section C : 6 Questions no. 4 à 9

(vi) Section D : 3 Questions no. 10 à 12
(vii) Répondez aux questions selon les consignes/instructions spécifiques.
(viii) Écrivez le numéro de la question dans le livret de réponses avant de le commencer.

SECTION A
(Compréhension) 10 Marks

1. Regardez l'image, et lisez le texte suivant :

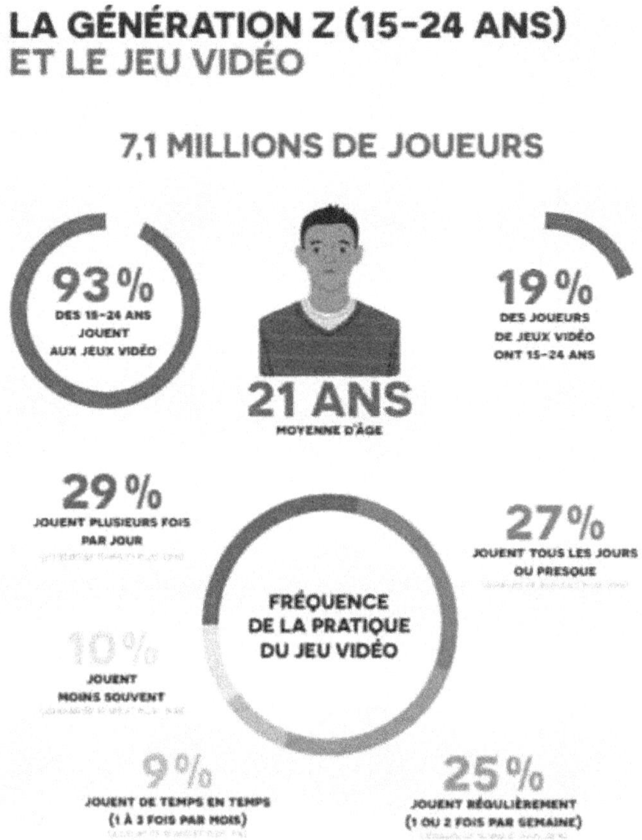

Le jeu vidéo s'est largement diffusé* en quelques décennies, via la notoriété de certains titres entrés dans la culture populaire (Pac-Man, Space Invaders, Mario Bros., Tetris, GTA V, Minecraft, Animal Crossing, etc.), mais aussi grâce à la démocratisation* de certains équipements comme les téléphones portables ou les ordinateurs.

Selon une étude de l'Insee de février 2021, le taux* d'équipement des ménages français en ordinateurs (portables, fixes ou tablettes) a doublé en 15 ans. En 2019, 96% des ménages possèdent un téléphone portable et 83% un ordinateur.

Le taux d'équipement en matériel informatique qui, contrairement aux consoles, n'est pas exclusivement ou initialement destiné aux jeux vidéo, contribue à expliquer l'engouement*. Les jeux gratuits, avec des achats dans le jeu, contribuent aussi au développement de la pratique.

D'après l'enquête Pratiques culturelles des Français du ministère de la culture, 53% des Français âgés de plus de 15 ans ont joué aux jeux vidéo en 2020, contre 19% en 1997. L'effet des confinements ne suffit pas à expliquer ces chiffres, puisqu'ils étaient 36% en 2008 et 44% en 2018. Il y a donc une progression continue qui exprime une tendance de fond.

En 2020, 74% des femmes et 93% des hommes nés entre 1985 et 2004 ont joué aux jeux vidéo au cours de l'année. Un enfant sur deux et un adulte sur trois jouent quotidiennement. Près de 20% des Français jouent plusieurs fois par jour. D'ailleurs, on compte 19% de retraités parmi les joueurs français.

Source : viepublique.fr

diffusé : transmitted; démocratisation : accessible to all; taux : rate; engouement : craze

(a) Répondez aux questions suivantes : (2 au choix)

(i) Selon l'image, quel pourcentage des joueurs jouent régulièrement aux jeux vidéo ?

(For visually impaired students only) Selon le texte nommez deux titres des jeux vidéo.

(ii) Quelles sont les raisons pour la popularité des jeux vidéo ?

(iii) Comment savez-vous que le nombre de maisons utilisant des équipements techniques a augmenté depuis les cinq dernières années ?

(b) Dites vrai ou faux : 3

(iv) Selon l'image, 29% de jeunes jouent rarement aux jeux vidéo. ___________

(For visually impaired students only) D'après le texte, près de 20% des Français ne jouent pas du tout.

(v) Les jeux vidéo sont devenus populaires pendant quelques ans. ___________

(vi) Les jeux gratuits avec des achats réduisent la popularité des jeux vidéo. ___________

(vii) Selon une étude en 2021, les équipements ont doublé dans les ménages français. ___________

(viii) Les gens en retraite s'amusent en jouant aux jeux vidéo. ___________

(ix) D'après l'enquête Pratique, beaucoup plus de Français ont joué aux jeux vidéo en 2020 qu'en 1997. ___________

(c) Trouvez dans le texte : (3 au choix) 3

(x) Le contraire de 'moins' : ___________

(xi) La forme nominale de 'Progresser' : ___________

(xii) Le synonyme de 'par exemple' : ___________

(xiii) Un mot pour parler de quelque chose qui se fait chaque jour : ___________

(xiv) Un pronom relatif : _________

Réponse

(a) (i) Près de 20% des Français jouent plusieurs fois par jour, ce qui montre qu'ils jouent régulièrement aux jeux vidéo.

(ii) Les raisons principales sont la notoriété de certains jeux populaires comme Pac-Man, Mario Bros., etc., la démocratisation des équipements comme les téléphones portables et les ordinateurs, et aussi la disponibilité de jeux gratuits avec des achats intégrés.

(iii) Selon une étude de l'Insee de 2021, le taux d'équipement en ordinateurs a doublé en 15 ans, ce qui montre une augmentation constante. En 2019, 96% des ménages possédaient un téléphone portable et 83% un ordinateur.

(b) (iv) Faux, (v) Faux, (vi) Faux, (vii) Vrai (viii) Vrai, (ix) Vrai

(c) (x) Le contraire de 'moins' : plus

(xi) La forme nominale de 'Progresser' : progression

(xii) Le synonyme de 'par exemple' : comme

(xiii) Un mot pour parler de quelque chose qui se fait chaque jour : quotidiennement

(xiv) Un pronom relatif : qui

SECTION B
(Expression Écrite) 20 Marks

2. Écrivez UNE lettre de 80 mots : 10 (a) à votre ami(e) qui est tombé(e) malade. Dites lui ce qu'il/elle doit faire pour se rétablir.

OU (OR)

(b) à votre correspondant(e) français(e) décrivant vos loisirs préférés.

OU (OR)

(c) Décrivez le système politique français à vot

Réponse :

(a) Cher/Chère [Nom],

J'ai appris que tu es malade, et je suis vraiment désolé(e) d'entendre cela. Tu dois bien te reposer et suivre les conseils de ton médecin. Bois beaucoup d'eau, mange sainement, et évite le stress. Prends tes médicaments régulièrement. Ne t'inquiète pas pour les études, je peux t'aider à rattraper les cours. Rétablis-toi vite, car tu me manques beaucoup. Donne-moi de tes nouvelles bientôt.

Amitiés,

[Ton prénom]

(b) Cher/Chère [Nom],

J'espère que tu vas bien. Je voudrais te parler de mes loisirs préférés. J'aime beaucoup lire des romans, surtout d'aventure et de science-fiction. J'adore aussi écouter de la musique, principalement la pop et le classique. Pendant mon temps libre, je joue au badminton avec mes amis et je fais du jardinage avec ma famille. Ces activités me détendent et me rendent heureux/heureuse. Et toi, quels sont tes passe-temps préférés ? Écris-moi vite pour me le dire.

Amitiés,
[Ton prénom]

(c) Cher/Chère [Nom],

Aujourd'hui, je veux t'expliquer le système politique français. La France est une république démocratique avec un président élu au suffrage universel direct pour cinq ans. Le président est le chef de l'État, et le Premier ministre dirige le gouvernement. Le Parlement, composé de l'Assemblée nationale et du Sénat, vote les lois. Les citoyens participent aux élections locales, nationales et européennes. Ce système permet aux Français de choisir leurs représentants et de participer activement à la vie politique.

Amitiés,
[Ton prénom]

3. Faites DEUX des questions suivantes : 2 % 5=10

(a) Écrivez un message : Vous voulez inviter vos amis à une soirée pour fêter la victoire de l'équipe indienne dans la Coupe du Monde de T20. Rédigez le message à vos amis. (35 – 40 mots)

(b) Complétez le texte en choisissant le mot convenable donnés ci-dessous et récrivez :

(professionnelle / passées / longtemps / plaisir / construire / continuation / endroit)

Bonjour à toutes et à tous.

C'est mon dernier jour parmi vous après 8 belles années _________ dans notre entreprise.

Je voulais tout simplement vous dire que c'était un très grand _________ de travailler avec vous.

C'était une expérience très riche que je garderai _________ en mémoire.

Une page se tourne mais cette étape de ma vie _________ restera toujours comme une très belle période de ma vie.

Un grand merci à vous ! Bonne _________ à tous et meilleurs voeux de bonheur à chacun !

Réponse :

(a) Message d'invitation (35–40 mots)

Message :
Salut les amis !
Je vous invite chez moi samedi soir pour fêter ensemble la victoire de l'équipe indienne à la Coupe du

Monde de T20 !
Ambiance, musique, snacks et bonne humeur garantis ! Venez nombreux !

(b) Bonjour à toutes et à tous.
C'est mon dernier jour parmi vous après 8 belles années **passées** dans notre entreprise.
Je voulais tout simplement vous dire que c'était un très grand **plaisir** de travailler avec vous.
C'était une expérience très riche que je garderai **longtemps** en mémoire.
Une page se tourne mais cette étape de ma vie **professionnelle** restera toujours comme une très belle période de ma vie.
Un grand merci à vous ! Bonne **continuation** à tous et meilleurs vœux de bonheur à chacun !

(c) Mettez le dialogue en bon ordre et récrivez :

Greg : Et un fauteuil pour les loisirs. Tu pourras lire autant que tu veux.

Nao : En bref, c'est fantastique ! Merci beaucoup !

Greg : Oui, mais le lit est petit. Je suis désolé.

Nao : Qu'elle est grande !

Greg : Oui, un bureau avec des tiroirs pour tes cahiers.

Nao : Il y a aussi une armoire où je peux mettre mes vêtements.

Greg : Alors voici ta nouvelle chambre !

Nao : La table est trop basse. Tu ne penses pas ?

Nao : Ne t'inquiète pas ! Il y a un bureau qui me plaît.

Greg : Si ! Tu as raison. Il y a un réveil sur la table de chevet. Et il y a aussi des étagères à côté de la fenêtre.

Réponse :

Greg : Alors voici ta nouvelle chambre !
Nao : Qu'elle est grande !
Greg : Oui, un bureau avec des tiroirs pour tes cahiers.
Nao : Il y a aussi une armoire où je peux mettre mes vêtements.
Greg : Et un fauteuil pour les loisirs. Tu pourras lire autant que tu veux.
Nao : La table est trop basse. Tu ne penses pas ?
Greg : Si ! Tu as raison. Il y a un réveil sur la table de chevet. Et il y a aussi des étagères à côté de la fenêtre.
Greg : Oui, mais le lit est petit. Je suis désolé.
Nao : Ne t'inquiète pas ! Il y a un bureau qui me plaît.
Nao : En bref, c'est fantastique ! Merci beaucoup !

SECTION C

(Grammaire) 30 Marks

4. Conjuguez les verbes entre parenthèses : (5 au choix)

(i) Ma petite, _________ heureuse car nous partons en vacances dans un mois ! (être)

(ii) Hier, les jeunes de mon bâtiment _________ quand leurs parents les ont appelés. (déjà nager)

(iii) Mes parents _________ une nouvelle voiture le mois prochain. (acheter)

(iv) Les élèves achèteront les nouveaux romans aussitôt qu'ils _________ leurs examens. (finir)

(v) Nous _________ (se rencontrer) au club la semaine dernière.

(vi) Il _________ (falloir) suivre les consignes données.

(vii) Les jeunes _________ (ne pas connaître) les mauvais effets de moins dormir.

Réponse :

(i) Ma petite, **sois** heureuse car nous partons en vacances dans un mois ! *(verbe : être – impératif)*

(ii) Hier, les jeunes de mon bâtiment **avaient déjà nagé** quand leurs parents les ont appelés. *(verbe : déjà nager – plus-que-parfait)*

(iii) Mes parents **achèteront** une nouvelle voiture le mois prochain. *(verbe : acheter – futur simple)*

(iv) Les élèves achèteront les nouveaux romans aussitôt qu'ils **auront fini** leurs examens. *(verbe : finir – futur antérieur)*

(v) Nous **nous sommes rencontrés** au club la semaine dernière. *(verbe : se rencontrer – passé composé)*

5. Mettez les phrases au style direct ou indirect, selon le cas : (5 au choix) 5

(i) Paul dit à ses amis « Venez à l'heure pour le match de basket ! »

(ii) Le professeur demande à ses élèves « Avez-vous parlé du voyage à Paris ? »

(iii) Le présentateur déclare que le nouveau Président va former le gouvernement bientôt.

(iv) Ma mère me demande qui j'ai rencontré au centre commercial.

(v) Mon frère me dit « Ne donne pas ces biscuits à notre chien ! »

(vi) Mes parents nous disent « Vous pourrez aller à la campagne ce week-end. »

(vii) Daniel demande à ses amis s'ils souhaitent venir chez lui pour passer une bonne soirée.

Réponse :

(i) Paul dit à ses amis : « Venez à l'heure pour le match de basket ! »
Paul dit à ses amis de venir à l'heure pour le match de basket. (→ style indirect)

(ii) Le professeur demande à ses élèves : « Avez-vous parlé du voyage à Paris ? »
Le professeur demande à ses élèves s'ils ont parlé du voyage à Paris. (→ style indirect)

(iii) Le présentateur déclare que le nouveau Président va former le gouvernement bientôt.
Le présentateur déclare : « Le nouveau Président va former le gouvernement bientôt. » (→ style direct)

(v) Mon frère me dit : « Ne donne pas ces biscuits à notre chien ! »
Mon frère me dit de ne pas donner ces biscuits à notre chien. (→ style indirect)

(vi) Mes parents nous disent : « Vous pourrez aller à la campagne ce week-end. »
Mes parents nous disent que nous pourrons aller à la campagne ce week-end. *(→ style indirect)*

(vii) Daniel demande à ses amis s'ils souhaitent venir chez lui pour passer une bonne soirée.
Daniel demande à ses amis : « Souhaitez-vous venir chez moi pour passer une bonne soirée ? » (→ style direct)

6. (a) Trouvez la question : 5

(i) Non, je ne veux pas.

(ii) Cette robe est en coton.

(iii) Nous allons inviter nos amis chez nous.

(iv) Mes amis adorent aller à la plage.

(v) Il fait beau temps.

OU (OR)

(b) Mettez les phrases suivantes au négatif :

(i) Marie va toujours au même restaurant.

(ii) Quelque chose est tombé sur tes valises.

(iii) Nous avons rencontré quelqu'un dans votre maison.

(iv) Les enfants font encore la même faute.

(v) Vous avez acheté des fruits et des légumes.

Réponse ;

6 (a) (i) Non, je ne veux pas.
Veux-tu quelque chose ?

(ii) Cette robe est en coton.
En quelle matière est cette robe ?

(iii) Nous allons inviter nos amis chez nous.
Qui allez-vous inviter chez vous ?

(iv) Mes amis adorent aller à la plage.
Qu'est-ce que tes amis adorent faire ?

(v) Il fait beau temps.
Quel temps fait-il ?

6 (b) (i) Marie ne va jamais au même restaurant.

(ii) Rien n'est tombé sur tes valises.

(iii) Nous n'avons rencontré personne dans votre maison.

(iv) Les enfants ne font plus la même faute.

(v) Vous n'avez acheté ni fruits ni légumes.

7. (a) Complétez les blancs avec les adjectifs ou pronoms possessifs : 5

(i) Donnez-moi _________ dossiers. Je vous donne _________ !

(ii) ________ camarades sont occupés et ________ sont déjà partis.

(iii) Tu penses à _________ enfance. Nous pensons à _________.

(iv) Nous avons regardé _________ photos. Avez-vous regardé _________ ?

(v) Monsieur, j'ai rempli _________ formulaire. Mes copains ont-ils rempli _________ ?

OU (OR)

(b) Complétez les blancs avec les adjectifs ou pronoms démonstratifs :

(i) Nous achetons _________ fleurs-ci ! Ne prenez pas _________ !

(ii) Comment trouvez-vous ___________ article ? __________ de Pierre est plus informatif.

(iii) Nous n'allons pas à _________ magasin. Nous préférons _________ qui est au coin de la rue.

(iv) « Donne-moi _________ ! Je ne désire pas _________ !

(v) _________ fruits-ci sont trop mûrs ! _________ sont frais.

Réponse :

7 (a) **(i)** Donnez-moi **vos** dossiers. Je vous donne **les miens** !
(vos = adjectif possessif pour "vous", les miens = pronom possessif pour "je")

(ii) Mes camarades sont occupés et **les leurs** sont déjà partis.
(mes = adjectif possessif pour "je", les leurs = pronom possessif pour "ils")

(iii) Tu penses à **ton** enfance. Nous pensons à **la nôtre**.
(ton = adjectif possessif pour "tu", la nôtre = pronom possessif pour "nous")

(iv) Nous avons regardé **nos** photos. Avez-vous regardé **les vôtres** ?
(nos = adjectif possessif pour "nous", les vôtres = pronom possessif pour "vous")

(v) Monsieur, j'ai rempli **mon** formulaire. Mes copains ont-ils rempli **le leur** ?
(mon = adjectif possessif pour "je", le leur = pronom possessif pour "ils")

7 (b) **(i)** Nous achetons **ces** fleurs-ci ! Ne prenez pas **celles-là** !
(ces = adjectif démonstratif, celles-là = pronom démonstratif)

(ii) Comment trouvez-vous **cet** article ? **Celui** de Pierre est plus informatif.
(cet = adjectif démonstratif devant un mot masculin commençant par une voyelle, celui = pronom démonstratif)

(iii) Nous n'allons pas à **ce** magasin. Nous préférons **celui** qui est au coin de la rue.
(ce = adjectif démonstratif, celui = pronom démonstratif)

(iv) « Donne-moi **cela** ! Je ne désire pas **ça** ! »
(cela / ça = pronoms démonstratifs – familièrement interchangeables ici)

(v) Ces fruits-ci sont trop mûrs ! **Ceux-là** sont frais.
(ces = adjectif démonstratif, ceux-là = pronom démonstratif)

8. (a) Reliez les phrases avec les pronoms relatifs simples ou composés : 5

(i) C'est une belle ville. Mes parents habitent dans cette ville.

(ii) Nous voulons acheter cet appartement. Il y a de grandes chambres dans cet appartement.

(iii) Il faut lire ces poèmes. Les auteurs de ces poèmes sont bien connus.

(iv) C'est ma nouvelle voiture. Je l'ai achetée la semaine dernière.

(v) Mes étudiants sont très calmes. J'explique ce concept difficile à ces enfants.

OU (OR)

(b) Remplacez les mots soulignés avec les pronoms personnels, y, en, etc. :

(i) Viens-tu d'envoyer ces paquets à tes parents ?

(ii) Nous avons lu tous les contes de fée.

(iii) Elle adore faire le jardinage. Elle va arroser les plantes.

(iv) L'équipe, elle joué très bien le football.

(v) Les touristes ont acheté des chocolats dans la chocolaterie.

Réponse :

8 (a) Pronoms relatifs :
(i) C'est une belle ville **où** mes parents habitent.
(ii) Nous voulons acheter l'appartement **dans lequel** il y a de grandes chambres.
(iii) Il faut lire les poèmes **dont** les auteurs sont bien connus.
(iv) C'est ma nouvelle voiture **que** j'ai achetée la semaine dernière.
(v) Mes étudiants **à qui** j'explique ce concept difficile sont très calmes.

8 (b) Pronoms personnels, y, en :
(i) Je **les leur** ai envoyés.
(ii) Nous **les** avons lus.
(iii) Elle **l'**adore. Elle va **les** arroser.
(iv) Elle **l'**a très bien joué.
(v) Les touristes **y en** ont acheté.
9. Conjuguez les verbes au subjonctif : (5 au choix) 5

(i) Il faut que nous _________ (oublier) les mauvaises expériences.

(ii) Maman veut que nous _________ (faire) bien notre devoir.

(iii) Ma mère est fâchée que j'_________ (aller) voir mes amis très tard.

(iv) Les professeurs exigent que nous _________ (être) tranquilles pendant l'examen.

(v) Il est nécessaire que nous _________ (accomplir) cette tâche.

(vi) Nous sommes heureux que vous _________ (avoir) de bonnes notes.

(vii) Notre directeur souhaite que la secrétaire _________ (écrire) toutes les lettres avant son départ.

Réponse :

(i) Il faut que nous **oubliions** les mauvaises expériences.
(ii) Maman veut que nous **fassions** bien notre devoir.
(iii) Ma mère est fâchée que j'**aille** voir mes amis très tard.
(iv) Les professeurs exigent que nous **soyons** tranquilles pendant l'examen.
(v) Il est nécessaire que nous **accomplissions** cette tâche.
(vi) Nous sommes heureux que vous **ayez** de bonnes notes.
(vii) Notre directeur souhaite que la secrétaire **écrive** toutes les lettres avant son départ.

SECTION D

(Culture and Civilisation) 20 Marks

10. Répondez aux questions : (5 au choix) (20 à 30 mots) 10

(i) Que peut-on faire après le baccalauréat en France ?

(ii) Quelles sont les rubriques d'un journal ? Nommez-en deux.

(iii) Quel est le rôle des médias ?

(iv) Qu'est-ce que nous pouvons faire pour éviter le gaspillage de l'eau ?

(v) Quelles sont les tâches ménagères ? Nommez-en deux.

(vi) Qu'est-ce que c'est la sécurité sociale ?

(vii) Nommez deux responsabilités du Président français.

Réponse :

(i) Après le baccalauréat en France, on peut poursuivre des études supérieures à l'université, entrer dans une grande école ou suivre une formation professionnelle selon ses intérêts et son projet.

(ii) Les rubriques d'un journal sont les sections comme la politique, la culture, les sports, etc. Par exemple : la rubrique politique et la rubrique faits divers sont très courantes.

(iii) Le rôle des médias est d'informer le public, diffuser les actualités, former l'opinion, éduquer et parfois divertir. Ils participent aussi au bon fonctionnement de la démocratie.

(iv) Pour éviter le gaspillage de l'eau, on peut réparer les fuites, utiliser l'eau avec modération, réutiliser l'eau de pluie et éviter de laisser couler inutilement les robinets.

(v) Les tâches ménagères sont les activités à faire dans la maison comme faire le ménage, laver le linge, cuisiner ou faire la vaisselle. Elles sont parfois partagées en famille.

(vi) La sécurité sociale est un système français qui protège les citoyens contre les risques comme la maladie, les accidents de travail, la maternité et la vieillesse en remboursant les soins.

(vii) Le Président français nomme le Premier ministre et représente la France à l'étranger. Il est aussi le chef des armées et peut dissoudre l'Assemblée nationale en cas de crise.

11. Complétez à l'aide des mots donnés ci-dessous : (5 au choix) 5

(pharmacie / bourses / ruban adhésive / zapper / feuilleton / Tour du Monde en 80 jours / gaspillage)

(i) Les jeunes peuvent recevoir des _________ pour leurs études supérieures.

(ii) Une _________ sert à coller.

(iii) Le _________ est écrit par Jules Verne.

(iv) _________ veut dire passer d'une chaîne à l'autre.

(v) Un _________ est une émission dramatique divisée en épisodes.

(vi) On peut acheter des médicaments à la _________.

(vii) Pour protéger notre planète, il faut réduire le _________.

Réponse :

(i) Les jeunes peuvent recevoir des **bourses** pour leurs études supérieures.

(ii) Une **ruban adhésive** sert à coller.

(iii) Le **Tour du Monde en 80 jours** est écrit par Jules Verne.

(iv) Zapper veut dire passer d'une chaîne à l'autre.

(v) Un **feuilleton** est une émission dramatique divisée en épisodes.

(vi) On peut acheter des médicaments à la **pharmacie**.

(vii) Pour protéger notre planète, il faut réduire le **gaspillage**.

12. (a) Faites correspondre les éléments de la Colonne A avec ceux de la Colonne B : 5

Colonne A	Colonne B
(i) Le brevet	– Bureau
(ii) agrafeuse	– fruits et légumes
(iii) VO	– Députés

(iv) Crudités – le collège

(v) L'Assemblée Nationale – version originale

OU (OR)

(b) Écrivez vrai ou faux :

(i) Le fast-food est bon pour la santé. _________

(ii) Il faut conserver de l'électricité. _________

(iii) L'autorisation des parents n'est pas obligatoire pour la carte de lecteur. _________

(iv) Avant le Louvre était un palais des rois. _________

(v) Le français dans le monde est un hebdomadaire. _________

Réponse :

12. (a) Faites correspondre :

(i) Le brevet → le collège

(ii) Agrafeuse → bureau

(iii) VO → version originale

(iv) Crudités → fruits et légumes

(v) L'Assemblée Nationale → députés

12. (b) Vrai ou Faux :

(i) Le fast-food est bon pour la santé. → Faux

(ii) Il faut conserver de l'électricité. → Vrai

(iii) L'autorisation des parents n'est pas obligatoire pour la carte de lecteur. → Faux

(iv) Avant le Louvre était un palais des rois. → Vrai

(v) Le français dans le monde est un hebdomadaire. → Faux (→ c'est un mensuel)

YouTube video for previous years papers

URL	QR
https://www.youtube.com/playlist?list=PLzlh_31VWEFrObEC6D4MpVxYGvuVmYlFE	

Online exam paper for previous year 2024

URL	QR
https://forms.gle/6o5jxDmxoe8UMZhY6	